BLV Naturführer

Dr. Eckart Pott

Wiesen und Felder

Pflanzen und Tiere
in ihrem Lebensraum –
ein Biotopführer

Die Deutsche Bibliothek –
CIP-Einheitsaufnahme

Wiesen und Felder: Pflanzen und
Tiere in ihrem Lebensraum –
ein Biotopführer / Eckart Pott. –
3., durchges. Aufl. – München;
Wien; Zürich: BLV, 1993
    (BLV-Naturführer; 804)
    ISBN 3-405-13804-3
NE: Pott, Eckart; GT

Bildnachweis:

Bellmann: 81 u, 93 u
Danegger: 103 u, 105 o
Eisenbeiss: 25 ul, 25 ur, 27 or, 27 u, 29 o,
    35 u, 49 or, 53 o, 55 ur, 59 or, 65 or
Eisenreich: 27 ol
König: 19 u, 49 ul
Limbrunner: 111 o, 111 u, 123 o, 123 u,
    125 o
Moosrainer: 109 u, 113 o, 115 o, 121 u
Pfletschinger/Angermayer: 75 o, 77 o, 77 u,
    79 ol, 83 o, 85 ol, 85 or, 87 u
Pforr: 23 o, 31 or, 41 o, 45, 49 ol, 49 ur, 57 o,
    61 ur, 73 ul, 81 o, 85 u, 89 u, 109 o
Quedens: 105 u, 107 o, 113 u, 117 o
Reinhard: 31 u, 33, 35 or, 57 ur, 119 u
Rohdich: 47 ol
Sauer: 79 or, 83 u
Schrempp: 29 u, 43 ul
Seidl: 41 u
Spönlein: 47 or
Weber: 119 o, 121 o
Wothe: 23 u, 47 u, 71 or
Zeininger: 99 o

Alle anderen Fotos sowie die Fotos
auf dem Umschlag stammen vom Autor

Fotos auf dem Umschlag:
Gewöhnlicher Löwenzahn (Vorderseite);
Kiebitz (Rückseite)

Zeichnungen: Klaus Joas, außer S. 6 und
S. 9: Barbara von Damnitz

BLV Verlagsgesellschaft mbH
München Wien Zürich
8000 München 40

3., durchgesehene Auflage

BLV Naturführer 804

© 1993 BLV Verlagsgesellschaft mbH,
München

Lektorat: Dr. Friedrich Kögel
Herstellung: Ernst Großkopf
Satz und Druck: Appl, Wemding
Bindung: Bückers GmbH, Anzing

Printed in Germany · ISBN 3-405-13804-3

Einführung

Ein Spaziergang inmitten blühender Wiesen und Felder ist wohl jedem eine vertraute Erfahrung. Den Jüngeren ist aber oft kaum nahezubringen, daß noch vor wenigen Jahrzehnten die Kulturlandschaft ganz anders ausgesehen hat als heute. Die Wiesen waren damals viel bunter, auf den Feldern wuchsen unterschiedliche Nutzpflanzen, und dazwischen standen Hecken und Feldgehölze, lagen in den Senken kleine Weiher. Landschaft und Lebensgemeinschaften werden also – jedenfalls teilweise – vom Menschen beeinflußt. Auf Grund seines Wirkens fehlt die Vielfalt in unserer heutigen Kulturlandschaft. Diese soll aber zunächst in einem größeren Zusammenhang betrachtet werden, bevor die Wiesen und Felder als Lebensgemeinschaften näher vorgestellt werden.

Die Vegetation der Erde

Die Pflanzendecke der Erde ist großräumig gesehen von den unterschiedlichen klimatischen Gegebenheiten abhängig. Wie also der Klimatologe eine Weltkarte mit den unterschiedlichen Klimazonen erstellen kann, so kann der Pflanzengeograph eine Karte erarbeiten, auf der die Pflanzenformationen und ihre Verbreitung auf der Erde zu sehen sind. Eine Pflanzenformation kann man definieren als eine Gruppe von Pflanzengesellschaften, in denen aufgrund der Standortbedingungen und der gegebenen Konkurrenzverhält-

nisse Pflanzen mit ganz bestimmten Wuchsformen vorherrschen.

Eine pflanzengeographische Großgliederung kann man aber auch vornehmen, indem man von bestimmten ökologischen Faktoren ausgeht. Wenn der Umweltfaktor Temperatur (Kälte) in einer Region beherrschend ist, dann findet man eine Tundra oder eine Taiga ausgebildet. Der Begriff Tundra ist nicht ganz eindeutig, aber in dem hier erörterten Zusammenhang kann man darunter sowohl die arktische Pflanzenformation nördlich der Verbreitungsgrenze der Nadelhölzer als auch die Hochgebirgsformationen verstehen, die in der Vertikalen oberhalb der Baumgrenze liegen. Hinzuzurechnen sind noch die baumlosen Hochmoore und die Zwergstrauchheiden am Meer. Die zweite Großlandschaft, die Taiga, umfaßt die nordischen immergrünen Nadelwälder, wie sie beispielsweise in Mittel- und Nordskandinavien zu sehen sind. Man kann unter den Begriff Taiga aber auch die Nadelwälder in den Gebirgen stellen, die sich vertikal oberhalb des Laubwaldgürtels anschließen.

Beim Dominieren des Umweltfaktors Feuchtigkeit kommt es zu unterschiedlich ausgeprägten Großlandschaften. Unter solchen Bedingungen bilden sich in der gemäßigten Zone sommergrüne Laubwälder heraus und in den Subtropen und Tropen entsprechende Feuchtluftwaldtypen. Bestimmt der Faktor Trockenheit die Gegebenheiten innerhalb eines Großraumes, dann findet man Wüsten, Halbwüsten, Steppen oder Hartlaubwälder.

Die im anstehenden Zusammenhang wichtigen Großlandschaften sind durch den ökologischen Faktor

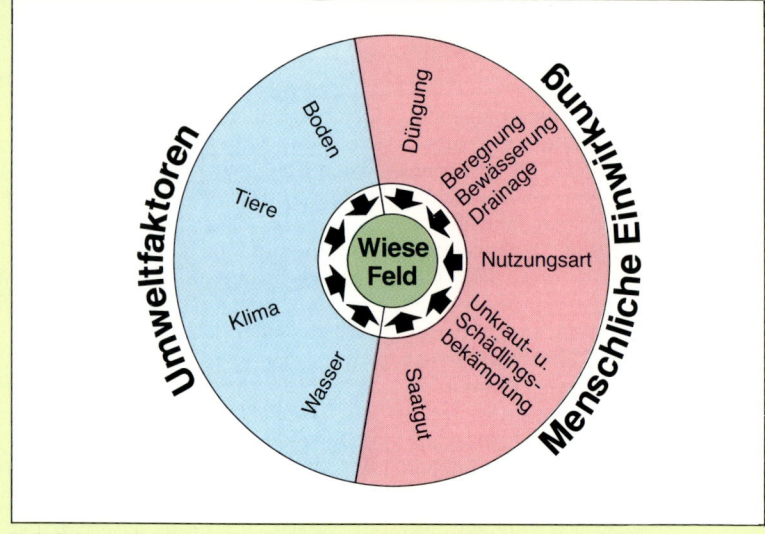

Viele Faktoren bestimmen das Erscheinungsbild einer Wiese bzw. eines Feldes.

»menschliche Tätigkeit« geprägt. Wir haben großräumig eine Kulturlandschaft vor uns, die Siedlungen, Felder, Grünland, Feldgehölze, Hecken und Ruderalflächen (z.B. Wegränder, Schuttplätze oder Bahndämme) umfaßt.

Von dem ganzen Spektrum an Pflanzenformationen ausgehend kann man natürlich auch noch feiner strukturieren, denn innerhalb einer Großlandschaft bzw. Pflanzenformation kommt es auf kleinem Raum zu ganz unterschiedlichen Bedingungen. Beispielsweise können sich innerhalb einer Wüste um eine Quelle herum beständige Wasser- und Uferpflanzengesellschaften ausbilden, um ein Extrem zu nennen. Im weiter diskutierten Zusammenhang soll aber zunächst von der dargestellten Großgliederung der Vegetation der Erde ausgegangen werden.

Europa: Vom Waldland zur Kulturlandschaft

Betrachtet man jetzt Europa näher, so kann man relativ leicht eine Großgliederung der Vegetation in diesem geographischen Raum vornehmen. Das südliche Nordeuropa, Mitteleuropa und das nördliche Südeuropa sind geprägt durch die sommergrünen Laubwälder. Die Hochgebirge und weite Teile Nordeuropas werden bestimmt durch die immergrünen Nadelwälder. In den Hochlagen der Gebirge und in den nördlichsten Zonen Nordeuropas findet man tundrenähnliche Vegetation, und im Mittelmeerraum herrschen die Hartlaubgehölze vor.

Mitteleuropa ist also auf Grund der relativ milden Temperaturen und der ausreichend hohen Niederschläge von Natur aus ein Waldland, das

6

durch sommergrüne Laubwälder geprägt ist. Dies scheint erstaunlich, denn man hat beim Durchfahren der mitteleuropäischen Landschaft einen ganz anderen Eindruck. Die Laubwälder herrschen in keiner Weise vor. Dennoch – wenn man in der Geschichte lange genug zurückgeht, dann war Europa hauptsächlich von Wald bedeckt. Nach der letzten Eiszeit hat sich das Klima zunehmend verändert, es wurde wärmer. Von der damals vorherrschenden Vegetation aus artenarmen Wasserpflanzengesellschaften, Seggenmooren, Zwergstrauchgesellschaften sowie Moostundren blieben nach und nach nur noch versprengte Reste übrig, da sich andere, anspruchsvollere Pflanzengesellschaften durchsetzen konnten. Um ca. 10 000 v. Chr. setzte eine Entwicklung ein, die über verschiedene aufeinanderfolgende Waldgesellschaften zu dem Bild führte, das sich mehr oder weniger so lange erhielt, bis der Mensch verändernd eingriff. Diese Vegetation sah so aus, daß in niedrigeren Lagen Buchenwälder vorherrschten. Nach Osten hin dominierte die Hainbuche in den Beständen. In Gebirgslagen setzten sich die Wälder vornehmlich aus Buche, Tanne und Fichte zusammen. Dies war die Situation, von der aus die weitere Entwicklung der Vegetation voranschritt, und zwar jetzt unter Dominanz des ökologischen Faktors »menschliche Tätigkeit«.

Mit anderen Worten gesagt: Europa ist von der potentiell natürlichen Vegetation aus betrachtet ein Waldland, von der aktuell vorherrschenden Vegetation aber eine Kulturlandschaft.

Unter dem Einfluß des Menschen entstanden zunehmend waldfreie Standorte. Die einsetzende Entwaldung ging zunächst nur stellenweise und langsam vor sich. Immerhin wurde durch Rodung, Brand, Einschlag und Beweidung bereits ein ansehnlicher Teil der ehemaligen Waldfläche in Nutzfläche umgewandelt. Diese Entwicklung wurde dann beschleunigt und großflächiger vollzogen mit dem Aufkommen von Maschinen, die nach wie vor in großem Stil landschaftsverändernd eingesetzt werden. Die Vegetation wurde dahingehend verändert, daß anstelle der ursprünglichen Wälder vom Menschen in ihrer Zusammensetzung und Nutzung bestimmte Wirtschaftsforsten, Äcker und Grünlandflächen traten. Die Statistik des Jahres 1981 besagt für die Bundesrepublik Deutschland, daß 29,5% der Gesamtfläche von Wald eingenommen werden, während die landwirtschaftliche Nutzfläche 49% ausmacht. Die landwirtschaftliche Nutzfläche wiederum teilt sich zu 59,5% in Ackerland und zu 38,7% in Dauergründland; den Rest nehmen andere Kulturen ein.

Wiesen und Felder

Die Grünlandflächen – sie seien zunächst betrachtet – werden seit alters her unterschiedlich genutzt und bewirtschaftet. Dies hat zur Folge, daß verschiedene Pflanzengemeinschaften zu finden sind. Sehr unterschiedlich ist einmal die Anzahl der vertretenen Pflanzenarten, zum anderen das Spektrum der vorhandenen Arten.

Hier interessieren unter dem Stichwort Grünland die Wiesen. Im allgemeinen versteht man darunter gehölzfreie oder gehölzarme Grasfluren auf mäßig oder stärker durchfeuchteten Böden, in denen zahlreiche Gräser und Stauden vorherrschen. Wiesen werden auf Grund der Faktoren »Düngung«, »Mahd« und »Beweidung« in verschiedene Untergruppen aufgegliedert.

Fettwiesen sind artenreiche Wiesen, die zwei- bis dreimal im Jahr gemäht werden. Nährstoffe im Boden sind reichlich vorhanden bzw. werden dem Boden durch kräftiges Düngen zugefügt. Bis um die Mitte dieses Jahrhunderts waren solche Wiesen weit verbreitet. Trotz eines Alters von nur etwa 1000 Jahren haben sich auf diesem Wiesentyp artenreiche und reizvolle Pflanzenkombinationen etabliert. Eine solche Fettwiese ist geprägt durch einen ganz bestimmten Jahresrhythmus, der zu einem völlig unterschiedlichen Aussehen der Flächen in den verschiedenen Jahreszeiten führt.

Geht man vom Zeitpunkt der Schneeschmelze aus, so herrscht auf der Wiese niedrige Vegetation vor. Einige der Pflanzen sind im Herbst des Vorjahres völlig abgestorben, andere haben mit unterirdischen Teilen – Wurzelstöcken, Knollen oder Zwiebeln – überwintert, und eine dritte Gruppe von Pflanzen hat mit oberirdischen Teilen wie Rosetten den Winter überdauert. Man spricht hier vom 1. Tiefstand der Wiese.

Mit steigenden Temperaturen und verbesserten Lichtbedingungen fangen die ersten Pflanzen an zu blühen und junge Sprosse zu bilden. Früh im Jahr blühen Gänseblümchen, Narzissen, Veilchen und Schlüsselblumen. Nach und nach etwickeln sich weitere Pflanzen. Jetzt kommt

die Hauptblütezeit von Löwenzahn, Wiesen-Schaumkraut, Hahnenfußarten, Wiesen-Bocksbart, Wiesen-Margerite, Roter Lichtnelke, Kuckucks-Lichtnelke und vielen anderen mehr. Die Wiese geht dem 1. Hochstand entgegen. Der ganzen Blütenpracht, die wohl jeden Naturfreund begeistert, wird durch die Heuernte im Juni ein Ende gemacht. Dieser erste Schnitt bringt die Wiese in das Stadium des 2. Tiefstandes. Aber unter den günstigen Wachstumsbedingungen, die jetzt herrschen, kann die Wiese bald zum 2. Hochstand kommen. Einige Pflanzen des 1. Hochstandes kommen erneut zum Blühen, dann gibt es andere Pflanzen, die sich erst jetzt entfalten. Dazu gehören etwa Wiesen-Kerbel, Bärenklau, Augentrost und Großer Wiesenknopf. Insgesamt wird die Pflanzendecke aber nicht so hoch wie zur Zeit des 1. Hochstandes. Auch in der farblichen Vielfalt steht die Wiese jetzt der des 1. Hochstandes nach. Im August kann dann die Wiese zum zweiten Mal gemäht werden, der 3. Tiefstand wird erreicht.

Jetzt blühen auf den Flächen die Herbstzeitlosen. Unter günstigen Bedingungen können dann noch ein 3. Hochstand und ein dritter Schnitt erfolgen. Sonst gehen die Pflanzen der Winterruhe entgegen.

Fettwiesen sind also intensiv vom Menschen bewirtschaftete Grünlandflächen, die regelmäßig gedüngt, gemäht und manchmal auch zusätzlich beweidet werden. Daneben gibt es nun auch Wiesentypen, die vom Menschen nur wenig beeinflußt werden. Man könnte sie als »naturnahe Wiesen« bezeichnen. Solche Wiesen werden höchstens unregelmäßig gedüngt, gemäht oder beweidet.

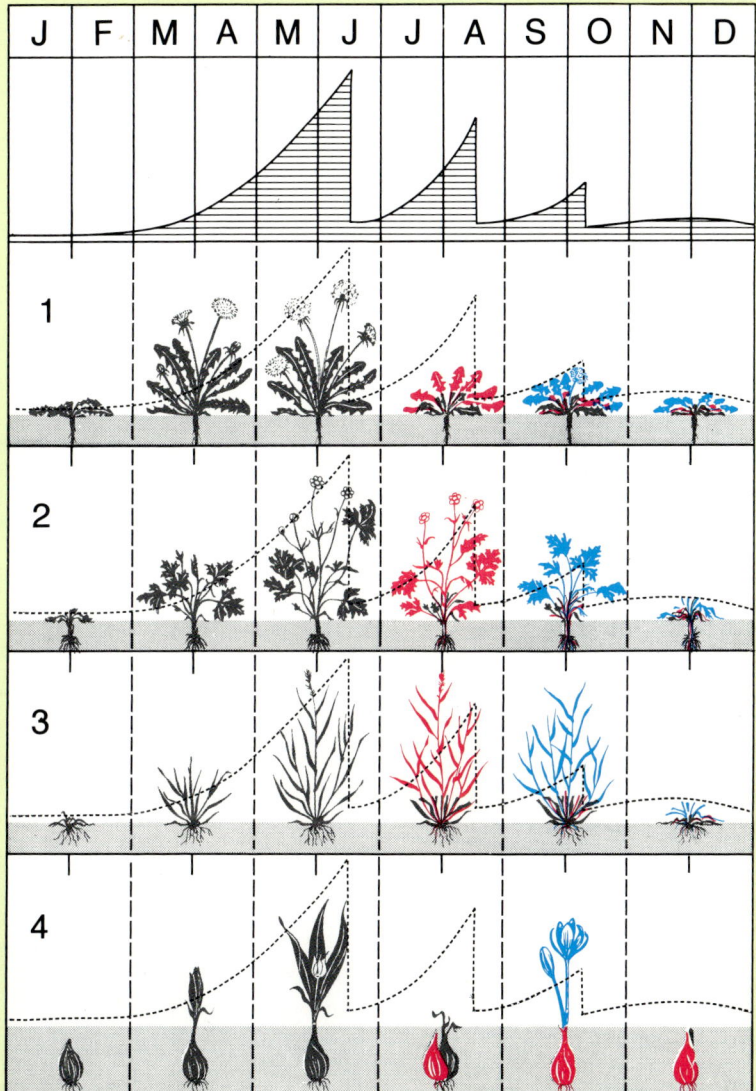

Der Jahresrhythmus der Wiese wird bestimmt durch die Zeitpunkte der Heuernte: 1. Mahd im Juni, 2. Mahd im August, gegebenenfalls 3. Mahd im Oktober. Die Wiesenpflanzen sind dabei in unterschiedlicher Weise in die Rhythmik eingepaßt (1 Löwenzahn, 2 Hahnenfuß, 3 Süßgras, 4 Herbstzeitlose). Die schwarze Farbe bezeichnet überwinternde Pflanzenteile und den 1. Austrieb, die rote Farbe den 2. Austrieb und die blaue den 3. Weitere Einzelheiten werden im Text erläutert.

9

Fettwiese mit Hahnenfuß (gelb) und Wiesen-Kerbel (weiß).

Auf trockenen und warmen Standorten sind Trockenrasen- und Halbtrockenrasengesellschaften ausgeprägt. Diese Pflanzengesellschaften sind ausgesprochen reizvoll für den botanisch interessierten Naturfreund. Er findet hier eine Vielzahl z.T. selten gewordener Arten, etwa verschiedene Orchideenarten, Küchenschelle und Adonisröschen. Hohe Zeit dieser Trocken- und Halbtrockenrasen sind das Frühjahr und der Frühsommer. Danach können die Standortbedingungen so extrem werden, daß die Pflanzen ihnen nicht mehr gewachsen sind. Viele Arten sterben deshalb bereits im Sommer ab, und die Flächen nehmen eine braune Färbung an.

Auf kalkarmen Böden in den Mittel- und Hochgebirgen findet man die Borstgrasrasen. Sie sind relativ artenarm. Eine typische Pflanze ist die Arnika.

Kalkreicher, feuchter Boden ist zur Ausbildung von Streuwiesen Voraus-setzung. An der Oberfläche können die Böden im Sommer austrocknen. Streuwiesen werden dadurch bestimmt, daß sie nur einmal im Herbst gemäht werden, wenn die Pflanzen strohig geworden sind. Das Material hat man früher als Streu für die Ställe genutzt. Diese Art der Nutzung spielt heute nur noch eine untergeordnete Rolle, und viele Streuwiesen haben ihren Charakter verändert.

Alle diese Wiesentypen können natürlich noch graduell unterschiedlich ausgeprägt sein, denn Häufigkeit und Zeitpunkt der Mahd, Zeit und Intensität der Beweidung, Art und Intensität der Düngung, Einsatz von Pflanzenschutzmitteln sind Einflüsse des Menschen, die ökologische Konsequenzen haben. Es wird zunächst die Vegetation beeinflußt, aber in der Folge davon natürlich auch die Tierwelt (vgl. Grafik S. 6).

Betrachten wir jetzt die Felder (Äcker), dann können wir zunächst einmal feststellen, daß sie sehr artenarm sind, vielfach sogar reine Monokulturen darstellen. Der Mensch bestimmt wieder den Jahresrhyth-

Ruderalfläche mit Acker-Senf, Klatsch-Mohn und Kamille.

mus (Zeitpunkt von Aussaat, Kulturmaßnahmen und Ernte), den Nährstoffgehalt im Boden (Düngung) und die Bodenfeuchtigkeit (Beregnung, Bewässerung). Auf diese Bedingungen haben sich auch verschiedene Wildpflanzen eingestellt, die natürlicherweise in Mitteleuropa vorkommen. Andere kamen hinzu, die mit den eingeführten Kulturpflanzen eingeschleppt wurden. Insgesamt ergibt sich für den Pflanzensoziologen ein Bild aus verschiedenen Wildkrautgesellschaften, die hier gedeihen können.

Schließlich sollen in dem ganzen Zusammenhang noch die sogenannten Ruderalgesellschaften erwähnt werden, die vom Menschen beeinflußte Stellen wie Schuttplätze, Wegränder, Böschungen etc. besiedeln.

Monokulturen

Es wurde gesagt, daß Äcker artenarme Lebensräume darstellen. Dasselbe gilt für bestimmte, intensiv genutzte Wiesen. Der Mensch hat ein Interesse daran, nur ganz bestimmte Pflanzen hochkommen zu lassen und andere bestandsmäßig zurückzudrängen. Denn vom Menschen unerwünschte Pflanzen konkurrieren mit den erwünschten Arten um Lebensraum, Licht, Nährstoffe und Feuchtigkeit. Betrachtet man einen Acker, so nehmen die sogenannten »Unkräuter« den Nutzpflanzen Platz weg, Licht, einen Teil des zugeführten Düngers und einen Teil der vielleicht durch künstliche Bewässerung erzielten Bodenfeuchtigkeit. Ackerbau heißt also – so gesehen – Kampf gegen die »Unkräuter«.

Lange Zeit war der Mensch hierbei auf seine Hände und einfache Werkzeuge angewiesen. Die Wildkräuter wurden gejätet, herausgehackt oder ausgegraben. Das war natürlich sehr mühsam und hatte nur bedingten Erfolg. Heute setzt man in großem Umfang chemische Mittel ein, um Wildkräuter aus den Kulturen fernzuhalten. Der Einsatz von Pflanzenschutzmitteln ist sicher aus der modernen Landwirtschaft nicht mehr wegzudenken. Im Hintergrund steht die Lage der Welternährung, die alles andere als rosig ist. Und auch aus rein ökonomischen Erwägungen heraus ist für den Landwirt der Griff zur »chemischen Sense« naheliegend. Dennoch wird auf einige weitere Aspekte des modernen Ackerbaus noch einzugehen sein.

Pflanzenschutz bedeutet nicht nur, »Unkräuter« zu bekämpfen. In Monokulturen können sich auf Grund der einseitigen Vegetation leicht Schädlingsplagen ausbreiten. Auch hier stehen dem Landwirt chemische Mittel zur Verfügung. Die Palette der Pflanzenschutzmittel ist heute sehr breit gefächert. Man unterscheidet folgende Gruppen: Mittel gegen »Unkräuter« (Herbizide), Mittel gegen Pflanzenkrankheiten (Bakterizide gegen Bakterien, Virizide gegen Viren, Fungizide gegen Pilze) und Mittel gegen tierische Schädlinge (Insektizide gegen Insekten, Akarizide gegen Milben, Nematizide gegen Fadenwürmer, Molluskizide gegen Schnecken und Rodentizide gegen Nagetiere). Diese Mittel sind unterschiedlicher chemischer Zusammensetzung und werden in verschiedenen Ausbringungsformen (Sprühmittel, Nebelmittel, Spritzmittel, Granulate und Sprays) angeboten. Immer aber handelt es sich um Substanzen, auf die die Natur nicht programmiert ist, und Nebeneffekte stellen sich in reichem Maße ein.

Die Saatgutreinigung ist ein weiterer Faktor in der modernen Landwirtschaft. Sie hatte zwar den Effekt, der erwünscht war, nämlich schon bei der Aussaat möglichst einzugreifen und »Unkräuter« fernzuhalten. Das bevorstehende Aussterben mancher Wildkräuter ist aber die Kehrseite dieser Medaille.

Als letzter Faktor sei noch die Flurbereinigung erwähnt, die in unserer Kulturlandschaft durchgeführt wurde. Ausgehend von der Überlegung, daß auf großen Flächen Maschinen rationeller eingesetzt werden können, hat man Felder zusammengelegt, Hecken und Feldgehölze vernichtet und so anstelle eines kleinräumigen Biotop-Mosaiks schließlich großflächige Monokulturen etabliert.

Die Monokultur als Ökosystem betrachtet ist insgesamt ein höchst künstliches und instabiles Gebilde. Das biologische Gleichgewicht ist ständig gefährdet. Schädlinge können sich bei einem überreichen Angebot an Futterpflanzen massenhaft entwickeln. Der Mensch wird also immer wieder gezwungen sein, gegenzusteuern, um das Gleichgewicht aufrechtzuerhalten. Es ist ständige Überwachung der Kulturen notwendig, ständiger Einsatz von Pflanzenschutzmitteln – ständiger Einsatz von Energie, wenn man so will. Und dies ist wohl in der heutigen Situation die entscheidende Größe. Man muß fragen, ob der Ackerbau in seiner heutigen Form so beibehalten werden kann, oder ob nicht nach Alternativen gesucht werden muß. An-

satzweise sind solche Wege bereits beschritten. Die Stichworte sind: biologischer Anbau, biologisch-dynamischer Anbau, alternative Landwirtschaft.

Umweltschutz auf Wiesen und Feldern

Stellt man die Frage, wie die Kulturlandschaft insgesamt zu betrachten ist, kann man folgendes sagen: Die heute vorhandene Kulturlandschaft ist das Produkt einer langen Entwicklung. Sie spiegelt deutlich den menschlichen Einfluß auf die natürlichen Gegebenheiten wider. Ursprünglich vorhandene Landschaft ist vernichtet worden. An die Stelle trat eine Landschaft, die sich durch vom Menschen bestimmte Pflanzenkombinationen auszeichnet. Der Mensch hat vielfach artenarme Monokulturen mit instabilem ökologischen Gleichgewicht an die Stelle von ökologisch stabilen Systemen gesetzt und ist jetzt ständig gezwungen, unter Einsatz von Energie gegenzusteuern. Die Folge dieser Entwicklung ist die ökologische Verarmung der gesamten Lebensgemeinschaften. Lange Zeit hat sich dies in Grenzen gehalten, da sich in einem Mosaik von Wiesen, Äckern, Hecken und Feldgehölzen viele Pflanzen und Tiere noch halten konnten. Zumindest war das Überleben der Arten gesichert.

Mit zunehmender Kultivierung wurden dem Menschen wiederum die negativen Konsequenzen seines Handelns immer deutlicher. Man muß also die Frage stellen: Was kann getan werden, um gegen den

Negativtrend anzugehen? Vorausgesetzt, die Gesellschaft will das, gibt es zumindest einige Konzepte, die der weiteren Verarmung der Landschaft entgegenwirken und zur Erhaltung oder Wiederansiedlung von Arten führen können. Anstelle der exzessiven Benutzung von Pflanzenschutzmitteln muß verstärkt der Integrierte Pflanzenschutz treten. Darunter versteht man das Konzept, die unterschiedlichen wirtschaftlich, ökologisch und toxikologisch vertretbaren Methoden zur Bekämpfung von Schadorganismen einzusetzen, also chemische Methoden mit mechanischen und biologischen Methoden zu kombinieren. Auf diesem Weg findet man aber auch keine endgültige Lösung, wenn nicht ein umfassenderes, ökologisch begründetes Konzept des Pflanzenanbaues vorgelegt wird. Es wird in Zukunft stärker zu fragen sein, ob nicht mehr Mischkulturen angelegt werden können, ob nicht vermehrt resistentes Pflanzenmaterial angebaut werden kann, ob der Allgemeinzustand der Kulturpflanzen nicht zu verbessern ist. Es wird dringender auf den Schutz bzw. die Wiederanlage von Hecken und Feldgehölzen zu achten sein. Es wird sich auch die Frage stellen, ob dieser oder jener Feldweg tatsächlich asphaltiert werden muß.

Von seiten des Naturschutzes muß weiter in der Richtung gearbeitet werden, daß bestimmte alte Nutzungsformen aufrechterhalten bleiben, um kulturell bestimmte Pflanzengemeinschaften in ihrem Bestand zu erhalten. Vielleicht sollten auch andere Beispiele der Kulturlandschaft stärker in Schutzüberlegungen einbezogen werden. Auch ein ausgestorbenes »Unkraut« bedeutet letztendlich ein Stück ökologischer Verarmung!

Neben Wiesen und Feldern finden wir in unserer Landschaft viele weitere Lebensräume mit jeweils typischen Lebensgemeinschaften, in denen es oft ähnlich traurig aussieht. Lebensräume werden groß- und kleinflächig vernichtet; die Umweltbelastung allgemein hat zugenommen. Dies hat die Vernichtung vieler Pflanzen- und Tierarten zur Folge.

Immerhin haben wir heute wenigstens eine verläßliche Beschreibung der Bedrohung unserer Tier- und Pflanzenwelt vorliegen. Dieses Werk heißt »Rote Liste der gefährdeten Tiere und Pflanzen in der Bundesrepublik Deutschland«. Hier ist alles verzeichnet, was die Biologen und Naturschützer heute über die Gefährdung von Tieren und Pflanzen in unserem Land wissen – eine beeindruckende Arbeit und eine traurige Bilanz zugleich. Bei den in diesem Buch beschriebenen Arten wird im Text jeweils erwähnt, wenn sie in die Rote Liste der Bundesrepublik Deutschland (Ausgabe 1984) aufgenommen sind. Die Arten werden dort in die Kategorien »potentiell gefährdet«, »gefährdet«, »stark gefährdet«, »vom Aussterben bedroht«, »ausgestorben oder verschollen« eingeteilt, die einen steigenden Grad der Gefährdung widerspiegeln.

Hier kann nicht weiter auf mögliche Probleme der Einordnung dieser oder jener Art in diese oder jene Kategorie eingegangen werden, nur soviel: Die »Rote Liste« zeigt ganz klar die Gefährdung vieler unserer Pflanzen- und Tierarten auf. Und dem müssen Gesetze und Praxis des Umwelt- und Naturschutzes heute mehr denn je gerecht werden.

Gewöhnliche Küchenschelle

Pulsatilla vulgaris

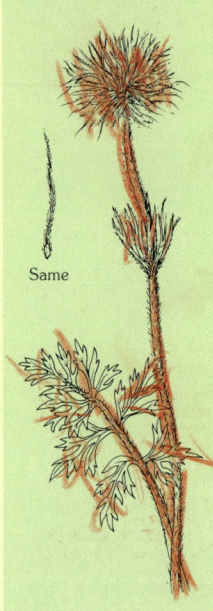

Same

Grundblatt, Fruchtstand

Frühlings-Adonisröschen

Adonis vernalis

Sonnige, trockene Wiesenhänge auf basenreichen Böden sind besonders reizvolle Pflanzenstandorte. Dem botanisch Interessierten bietet sich hier eine Fülle von Pflanzen dar – sofern die Wiesen nicht gedüngt werden. Bei einem Besuch im zeitigen Frühjahr wird man stellenweise die Gewöhnliche Küchenschelle entdecken. März/April ist die Zeit, in der dieses Hahnenfußgewächs blüht. Die Pflanze wird zwar nur 5 bis 10 cm hoch, ihre großen violetten Blüten sind aber kaum zu übersehen, vor allem wenn die Küchenschellen herdenweise wachsen. Die 6 Blütenblätter bilden ein sogenanntes Perigon – die Blüte ist also nicht in Kelch und Krone gegliedert. Weiter zeigt die Blüte eine Vielzahl von Staubblättern, die mit ihrer gelben Farbe einen deutlichen Kontrast zur Farbe der Blütenblätter bilden. Die Laubblätter der Küchenschelle sind weniger auffällig. Während der Blütezeit sieht man meist nur eine Art Hülle bildender Hochblätter unterhalb der Blüten. Die zwei- bis dreifach gefiederten Grundblätter (Grafik) erscheinen erst, wenn die Pflanze verblüht ist.

An der Küchenschelle kann man aber noch weitere biologische Besonderheiten entdecken. Die Pflanzen wachsen ja auf Standorten, die durch z.T. sehr hohe Temperaturen und Trockenheit charakterisiert sind. Als Anpassung an diese Bedingungen ist die Küchenschelle zottig behaart. Die Haare helfen, den die Verdunstung fördernden Wind abzuschirmen. Nach der Blütezeit wächst die Pflanze oft zu einer Höhe von 40 cm heran. Die Griffel verlängern sich ebenfalls, und man kann jetzt die Früchte mit den langen, behaarten Anhängen beobachten (Grafik). Dem Wind, der für deren Verbreitung sorgt, wird so eine große Angriffsfläche geboten.

Wenn schon eine dicht mit Küchenschellen bestandene trockene Wiese einen herrlichen Anblick bietet, dann wird dieser Eindruck noch verstärkt, wenn neben den violetten Blüten die goldgelben des Adonisröschens auftauchen. 3 bis 8 cm messen sie im Durchmesser. Die Pflanze wird 10 bis 40 cm hoch und kommt mehr in Mittel- und Osteuropa vor, während die Küchenschelle eher in Mittel- und Westeuropa verbreitet ist. Beide Arten sind durch Kulturmaßnahmen stark gefährdet und stehen unter Naturschutz. Das Frühlings-Adonisröschen gilt nach der Roten Liste als »stark gefährdet«, die Gewöhnliche Küchenschelle als »gefährdet«.

14

Scharfer Hahnenfuß

Ranunculus acris

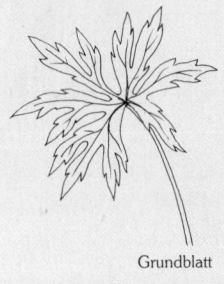

Grundblatt

Sumpf-Dotterblume

Caltha palustris

Fruchtstand

Der Scharfe Hahnenfuß ist ein ganz typischer Vertreter aus der Familie der Hahnenfußgewächse (Ranunculaceae). Und wenn auch einige Arten wie Küchenschelle oder Buschwindröschen leicht zu erkennen sind, beginnt bei der Gattung *Ranunculus* die Bestimmung der einzelnen Arten schwierig zu werden. Man wird also diesen Naturführer eher als Anregung zur vertieften Beschäftigung mit den Pflanzen und Tieren der Wiesen und Felder nehmen können und ist gut beraten, andere Bestimmungsbücher zusätzlich zu benutzen. Der Scharfe Hahnenfuß wird 30 cm bis 1 m hoch. Die grundständigen Blätter sind handförmig fünfteilig. Die dreiteiligen Stengelblätter erinnern von der Form her an einen Hühnerfuß (Name; Grafik). Die Pflanze bestimmt im Mai den Aspekt auf Wiesen und Weiden. Sie blüht aber bis in den Oktober hinein. Man findet sie in ganz Europa.

Dieses Hahnenfußgewächs ist weit verbreitet in ganz Europa, in Nordamerika, in Mittel- und Nordasien. Bei uns kommt es überall auf sumpfigen Wiesen, an Graben- und Bachrändern und in Quellsümpfen vor. Je nach Höhenlage – die Pflanze ist von der Ebene bis in etwa 2000 m Höhe anzutreffen – erscheinen im März oder April die auffälligen, gelben Blüten. Deren Blütenhülle ist nicht in Kelch und Krone gegliedert. Die Blüte weist 5 Kronblätter, 20 und mehr Staubgefäße sowie 5 bis 10 Stempel auf, zwischen denen kleine Honigdrüsen sitzen. Als Bestäuber besuchen Bienen, Hummeln, Fliegen, manchmal auch kleine Käfer die Blüten. Nach der Befruchtung bildet die Sumpf-Dotterblume kurzgeschnäbelte, mehrsamige Balgfrüchte (Grafik) aus, die beim Reifen von der Spitze nach unten aufreißen und die Samen entlassen. Die ausdauernde, 15 bis 40 cm hohe Pflanze entwickelt einen kräftigen Wurzelstock, von dem sich zahlreiche, strangartige Wurzeln im Boden ausbreiten. Die liegenden oder aufsteigenden, am Grund rötlich überlaufenen Stengel sind saftig und innen hohl. Nach oben hin verzweigen sie sich. Die sattgrünen, unbehaarten Blätter mit dem gekerbten Rand, der rundlich-herzförmigen Basis und den langen, rinnigen Stengeln lassen eine eindeutige Bestimmung zu, auch wenn man die Sumpf-Dotterblume in nichtblühendem Zustand antrifft.

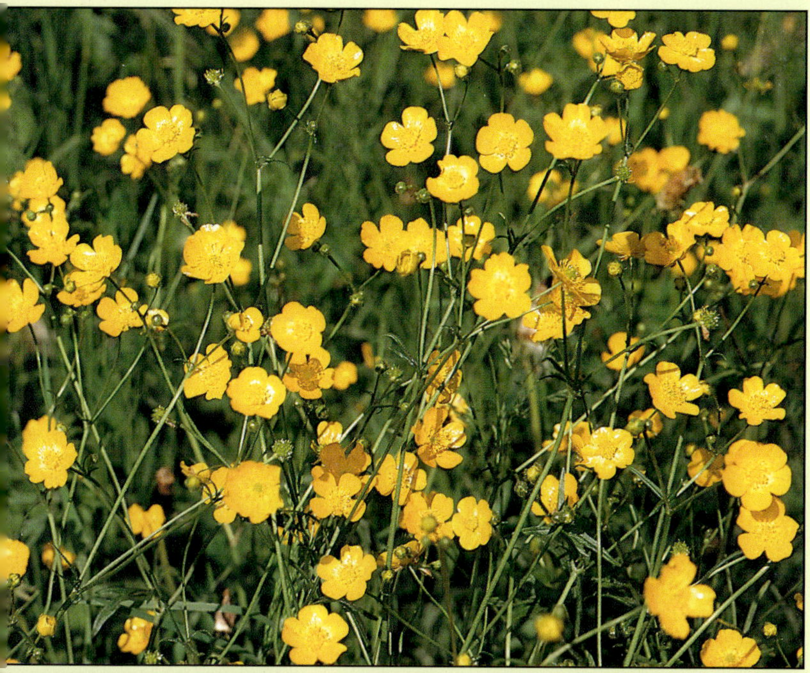

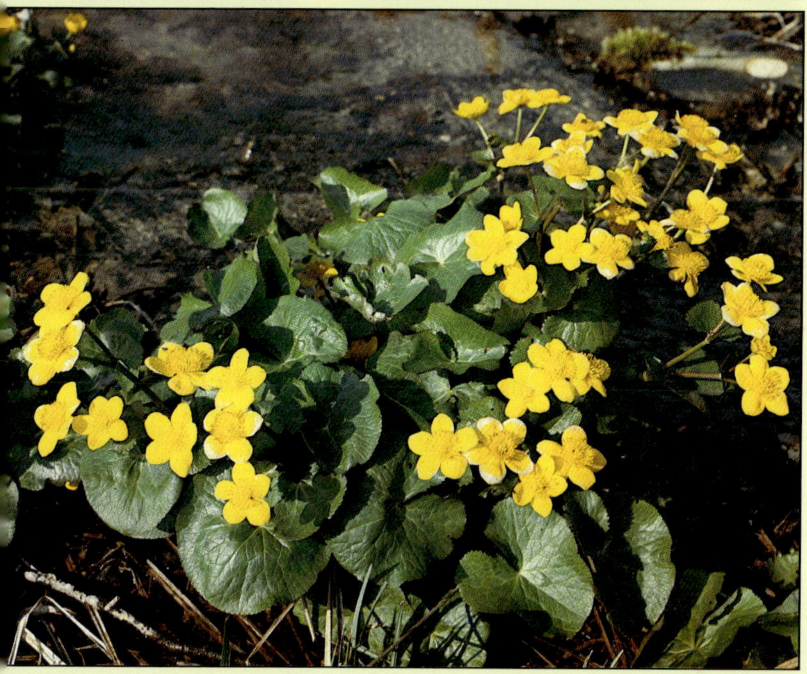

Klatsch-Mohn
Papaver rhoeas

Fruchtkapsel

Fast ein Kosmopolit ist der Klatsch-Mohn. Ursprünglich von seiner Verbreitung her auf den eurasiatischen Raum beschränkt, wurde er dann überallhin ver schleppt. Ödlandflächen, Wegränder, Schuttplätze und Bahndämme sind Standorte, auf denen der Klatsch Mohn üppig gedeiht. Mit seinen scharlachroten Blüten von 4 bis 8 cm Durchmesser ist er eine sehr auffällige und deshalb auch sehr bekannte Pflanze.

Früher gab es den Klatsch-Mohn viel häufiger als heu te. Denkt man nur ein paar Jahrzehnte zurück, dann waren auf den Getreidefeldern, die einen weiteren Standort darstellen, die Getreideähren oft vor lauter Klatsch-Mohn (und anderen »Unkräutern«) nicht zu se hen. Dies hat sich sehr geändert, als zunehmend die Saatgutreinigung durchgeführt wurde. Während der Klatsch-Mohn in Mitteleuropa auch heute noch sehr häufig auftritt, wurden dadurch andere Pflanzenarten an den Rand des Aussterbens gebracht.

Der Klatsch-Mohn bildet zusammen mit anderen Arten und Gattungen die Familie der Mohngewächse (Papa veraceae). Wichtigstes Merkmal der Mohn-Arten, das auch zur Bestimmung herangezogen wird, ist die Fruchtkapsel, die in der Blüte bereits erkennbar ist, aber erst nach der Bestäubung der Blüten zur vollen Größe und typischen Gestalt heranwächst. Die trocke ne Kapsel wirkt als Streubüchse (Grafik), und der Wind kann die winzigen Samen weit verfrachten.

Gewöhnlicher Erdrauch
Fumaria officinalis

Dieses Mohngewächs ist über fast ganz Europa verbrei tet und kommt ziemlich häufig in offenen Unkrautflu ren vor, etwa auf Äckern und in Weinbergen. Der Erd rauch ist eine einjährige Pflanze, die man von Mai bis Oktober blühend antreffen kann. Seine Kennzeichen sind der verzweigte Stengel, die doppelt gefiederten Blätter (Grafik) und die schwarzroten Blüten, die zu mehreren in Trauben an den Enden der Stengel ste hen. Die Pflanze wird 10 bis 30 cm hoch. Sie ist sehr formenreich, und es gibt außerdem noch 4 z.T. recht ähnliche Arten in Mitteleuropa, die ebenfalls an den Standorten vorkommen können, wo der Gewöhnlich Erdrauch zu finden ist. Zur sicheren Artdiagnose ist also der Griff zum Bestimmungsbuch notwendig.

Der Erdrauch ist eine alte Heilpflanze, die verschiedene Alkaloide enthält, vor allem das nach ihr benannte Fu marin. Die ganze Pflanze wird gesammelt, getrocknet und als Tee zubereitet. Hautkrankheiten und Verdau ungsstörungen können damit behandelt werden.

18

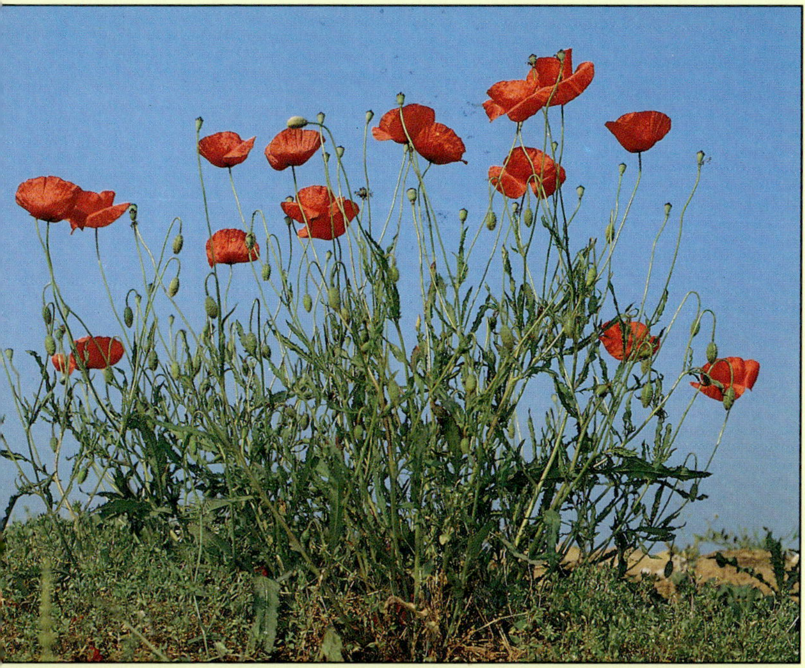

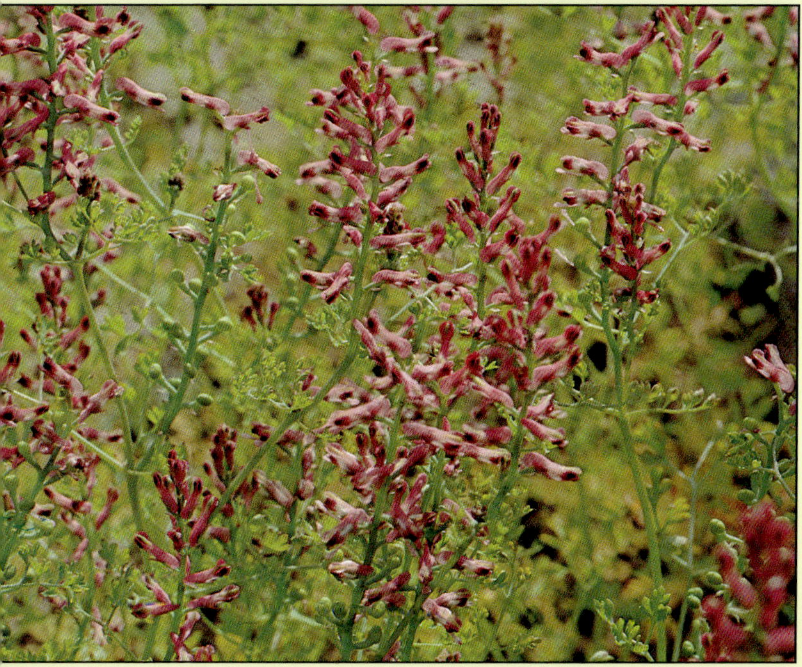

Gewöhnliches Hirtentäschel-kraut

Capsella bursa-pastoris

(Foto oben links)

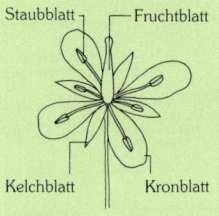

Staubblatt — Fruchtblatt

Kelchblatt — Kronblatt

Kreuzblüte

Gewöhnliche Knoblauchs-rauke

Alliaria petiolata

(Foto oben rechts)

Wiesen-Schaumkraut

Cardamine pratensis

(Foto unten links)

Acker-Hellerkraut

Thlaspi arvense

(Foto unten rechts)

Das Hirtentäschelkraut ist ein häufiges »Unkraut« aus der Familie der Kreuzblütler (Brassicaceae). Kennzeichnend für die Pflanzenfamilie ist der Blütenbau: Je 4 Kelch- und Kronblätter stehen übers Kreuz (Grafik). Weiter fallen die 6 Staubblätter auf, von denen die beiden äußeren kürzer als die 4 inneren sind. Typisch sind auch die Früchte, die bei der Reife mit zwei Klappen aufspringen. Diese Früchte nennt man Schoten; wenn sie höchstens dreimal so lang wie breit oder kürzer sind, Schötchen. Die Früchte sind ein ganz wichtiges Bestimmungsmerkmal. Beim Hirtentäschelkraut hat ihre Form der ganzen Pflanze den Namen gegeben. Die Pflanze wird bis zu 40 cm hoch. Auffällig ist die grundständige Rosette aus fiederteiligen Blättern. Die Pflanze blüht von März bis Oktober an Wegrändern, auf Äckern und Ödlandflächen.

In der Zeit von April bis Juni trifft man die Knoblauchsrauke blühend an. Die Pflanze ist ebenfalls ein Kreuzblütler. Sie wird 25 cm bis 1 m hoch. Verbreitet ist die Knoblauchsrauke vor allem über das mittlere und westliche Eurasien, und hier kommt sie in leicht beschatteten Unkrautfluren am Rand von Hecken und Feldgehölzen, an Zäunen und ähnlichen Standorten vor. Die weiteren Kennzeichen der Pflanze sind die rundlich-herzförmigen Blätter mit dem gekerbt-gezähnten Rand und der Knoblauchgeruch, den die Pflanze verströmt, wenn man ihre Blätter zerreibt.

Die weißen, rosa oder hellviolett gefärbten Blütentrauben dieses Kreuzblütlers prägen in jedem Frühjahr den Aspekt von Fettweiden und moorigen Wiesen. Als weitere Kennzeichen fallen die rosettenartig angeordneten Grundblätter und die gefiederten Stengelblätter auf. Die Pflanze wird 15 bis 50 cm hoch und ist mit einem Schwerpunkt im mittleren und nördlichen Eurasien über die ganze Nordhalbkugel verbreitet.

Dieser Kreuzblütler wird 10 bis 40 cm hoch. Die weißen Blüten sind in endständigen Trauben angeordnet. Von April bis Oktober kann man die Pflanze blühend auf Äckern, Getreidefeldern und Ödlandflächen antreffen. An den typischen Schötchen kann man sie leicht erkennen.

20

Echtes Mädesüß

Filipendula ulmaria

Wald-Geißbart

Das Mädesüß kommt bei uns häufig auf relativ feuchten Standorten vor: Feuchte bis nasse Wiesen, Grabenränder, Quellsümpfe und Verlandungswiesen sind die Stellen, an denen man die Pflanze antrifft. Aus einem überdauernden Wurzelstock wächst der braun-grüne Sproß bis zu 1,50 m hoch empor. Der Sproß trägt die gefiederten Blätter, die jeweils aus mehreren doppelt gesägten, etwa 3 cm langen Fiederblättchen zusammengesetzt sind. Die Einzelblüten sind sehr klein; die Blütenblätter werden nur wenige Millimeter lang. Die Blüten stehen aber in einer auffälligen Trugdolde zusammen, so daß man die Pflanze zur Blütezeit – von Juni bis August – nicht übersehen kann.

Das Mädesüß erinnert im Habitus an den **Wald-Geißbart** (*Aruncus dioicus;* Grafik) mit dem es insofern verwandt ist, als beide Pflanzen zu den Rosengewächsen (Rosaceae) gehören.

Das Mädesüß ist eine alte Heilpflanze, die in der Naturheilkunde als Tee gegen verschiedene Krankheiten verwendung findet. Es ist über fast ganz Europa und Asien verbreitet.

Gänse-Fingerkraut

Potentilla anserina

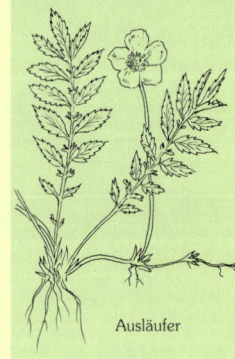

Ausläufer

Das Gänse-Fingerkraut gehört ebenfalls zur Familie der Rosengewächse. Die mehrjährige Pflanze treibt aus einer verdickten Erdknolle lange, kriechende Stengel (Ausläufer) hervor, an denen die als Bestimmungsmerkmal gut geeigneten Blätter sitzen (Grafik). Die Blätter werden bis zu 20 cm lang und sind gefiedert, wobei ein Blatt aus 10 bis 20 einzelnen, gesägten Fiederblättchen zusammengesetzt ist. Die Blätter sind auf der Oberseite grün gefärbt und leicht behaart, auf der Unterseite aber auffallend silberweiß gefärbt und seidenhaarig.

Die Pflanze wird kaum höher als 20 cm. Die Blüten haben einen Durchmesser von bis zu 2 cm. Auffällig sind die 5 gelben Blütenblätter. Das Gänse-Fingerkraut blüht von Mai bis August. Die Pflanze ist auf Feldwegen, an Straßengräben, auf Schuttplätzen und ähnlichen Standorten häufig zu finden. Sie ist eine Pionierpflanze, die als eine der ersten Pflanzen etwa neu entstandene Wegböschungen besiedelt. Von der Ebene bis in Lagen um 900 m kommt das Gänse-Fingerkraut in den gemäßigten Zonen heute weltweit vor. Es gibt auf Wiesen und Feldern noch eine Reihe weiterer *Potentilla*-Arten. In Mitteleuropa ist mit etwa 30 Arten zu rechnen. Zu deren Unterscheidung muß auf ein ausführlicheres Bestimmungsbuch verwiesen werden.

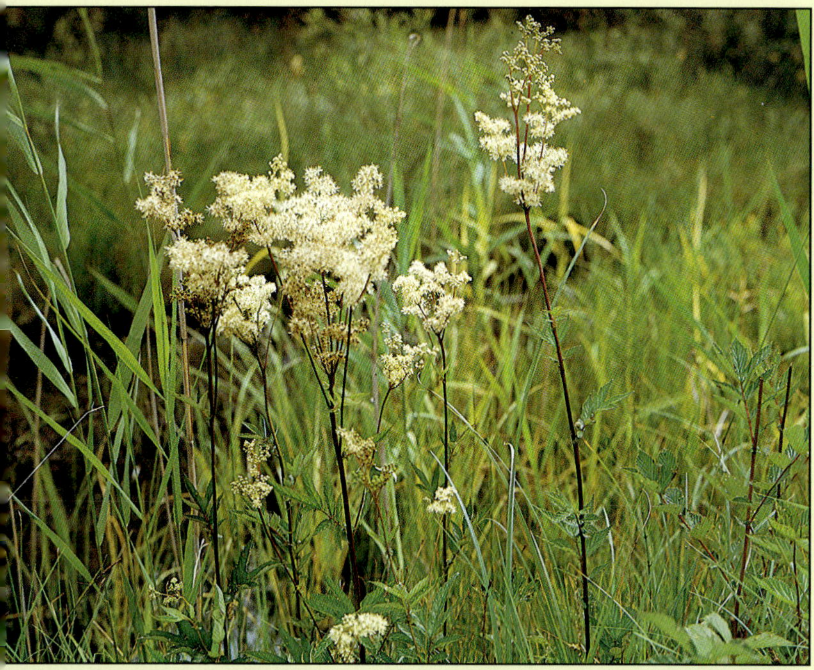

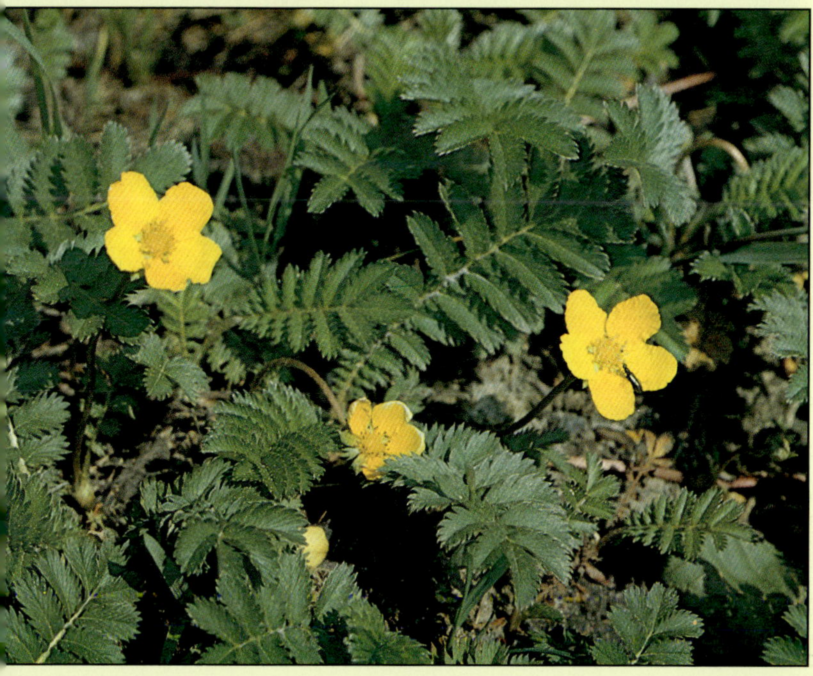

Rot-Klee,
Wiesen-Klee
Trifolium pratense

(Foto oben)

Wurzel mit
Wurzelknöllchen

Echter Steinklee
Melilotus officinalis

(Foto unten links)

Gewöhnlicher
Hornklee
Lotus corniculatus

(Foto unten rechts)

Der Rot-Klee wird häufig auch Wiesen-Klee genannt. Er kommt verbreitet auf Fettwiesen und fetten Weiden vor, auch auf regelrechten Naßwiesen. Manchmal wird er auch felderweise als Futterpflanze angebaut. Ein anderer Grund, Rot-Klee extra anzubauen, besteht darin, daß die Pflanze mit Hilfe von Bakterien, die in den sogenannten Wurzelknöllchen (Grafik) leben, Luftstickstoff binden kann. Aus demselben Grund werden auch einige weitere Arten aus der Familie der Schmetterlingsblütler (Fabaceae) angebaut. Man hat berechnet, daß ein Hektar Lupinen – ebenfalls ein Schmetterlingsblütler – in der Vegetationsperiode über 200 kg Stickstoff zu binden vermag. Schmetterlingsblütler werden also gezielt zur Bodenverbesserung eingesetzt.
Der Rot-Klee wird 10 bis 30 cm hoch, manchmal auch bis zu 40 cm. Typisch sind die bekannten dreizähligen Blätter. Die rötlichen Blüten stehen am Ende verzweigter Stengel in Blütenköpfen vereinigt. Der Rot-Klee blüht von Mai bis September. Als Bestäuber der Kleeblüten beobachtet man vor allem Hummeln.

Der gelb blühende Steinklee gehört ebenfalls in die Familie der Schmetterlingsblütler. Die zweijährige, 30 bis 90 cm hohe Pflanze ist leicht an folgenden Merkmalen zu erkennen: Der kantige Stengel ist verzweigt. In Abständen sitzen daran die dreizähligen Blätter. Die kleinen gelben Blüten stehen in 4 bis 10 cm langen Blütentrauben angeordnet. Der Steinklee blüht von Juni bis September. Man findet die Pflanze verbreitet in lichten Unkrautfluren, an Wegrändern, Bahndämmen, Erdanrissen und auf Ödlandflächen. Sie kommt in ganz Europa vor.
Neben dem gelb blühenden Echten Steinklee gibt es eine nahe verwandte Art, den **Weißen Steinklee** *(Melilotus albus)*. Diese Art besiedelt ähnliche Standorte wie der Echte Steinklee.

Auf Wiesen und Halbtrockenrasen, an Wegrändern und ähnlichen Stellen begegnet man diesem gelb blühenden Schmetterlingsblütler recht häufig. Er ist über große Teile Eurasiens verbreitet, mit Schwerpunkt im mittleren und westlichen Bereich. Der Hornklee wird 5 bis 30 cm hoch. Die Blüten werden bis zu 15 mm lang und stehen zu 2 bis 7 in kleinen Dolden zusammen. Die Blütezeit liegt zwischen Mai und August.

24

Zaun-Wicke
Vicia sepium

(Foto oben links)

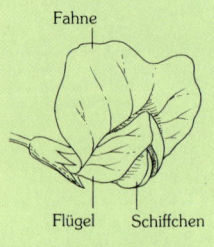

Fahne

Flügel   Schiffchen

Schmetterlingsblüte

Am Beispiel der Zaun-Wicke kann man sich gut den auf den ersten Blick verwirrenden Bau der Schmetterlingsblüte klarmachen. Zunächst fällt auf, daß die Blüte zweiseitig symmetrisch gebaut ist, d.h. sie kann durch einen Schnitt in zwei spiegelbildliche Hälften zerlegt werden. Die Blüte ist zusammengesetzt aus dem fünfzipfeligen Kelch und den 5 Kronblättern. Das obere Kronblatt ist besonders auffällig geformt, es wird Fahne genannt. Die beiden kleineren seitlichen Kronblätter heißen Flügel, und die beiden unteren sind zum sogenannten Schiffchen verwachsen (Grafik). Die 10 Staubblätter sind an ihrem unteren Ende mehr oder weniger verwachsen. Diesen typischen Bau der Schmetterlingsblüte findet man bei allen Angehörigen dieser Pflanzenfamilie mit Abwandlungen wieder.

Die Zaun-Wicke wird 20 bis 60 cm hoch. Die gefiederten Blätter mit 2 bis 9 Paaren von Fiederblättchen tragen an ihrer Spitze Blattranken. Die rötlich-violetten Blüten stehen zu 2 bis 5 in kurzgestielten Trauben. Die Zaun-Wicke kommt häufig auf Fettwiesen und am Rand von Hecken und Feldgehölzen vor. Sie ist von ebenen Lagen bis in Höhen um 2000 m verbreitet. Die Zaun-Wicke wird zwar nicht direkt als Futterpflanze angebaut, ergibt aber ein gutes Heu.

Futter-Esparsette
Onobrychis viciifolia

(Foto oben rechts)

Die rot blühende Esparsette liefert ebenfalls ein wertvolles Viehfutter. Dieser Schmetterlingsblütler wird seit dem 16.Jahrhundert in Mitteleuropa angebaut, verwilderte dann und ist heute eingebürgert. Man trifft die Pflanze vor allem auf sonnigen Kalkmagerrasen und Halbtrockenrasen, an Wegrändern und Böschungen an. Sie wird 30 bis 60 cm hoch. Die Blätter sind gefiedert; die einzelnen Fiederblättchen werden bis zu 8 mm breit. Die Blüten stehen in einer Ähre angeordnet. Die Esparsette blüht von Mai bis Juli.

Gewöhnlicher Wundklee
Anthyllis vulneraria

(Foto unten)

Sonnige Kalkmagerrasen, Wegränder, trockene, sonnige Böschungen und ähnliche Standorte sind die Stellen, an denen man dem Wundklee begegnen kann. Seine Grundblätter sind überwiegend ungeteilt, die Stengelblätter aber gefiedert. Die Endfiedern sind dabei größer als die seitlichen Fiederblättchen. Ein gutes Kennzeichen sind die gelben Blüten, die in Blütenköpfen gehäuft zusammenstehen. Die Pflanze blüht im Mai/Juni und kommt von der Ebene bis in Lagen um 1000 m Höhe vor.

Gewöhnliches Stiefmütterchen
Viola tricolor

geöffnete Fruchtkapsel

Wiesen-Storchschnabel
Geranium pratense

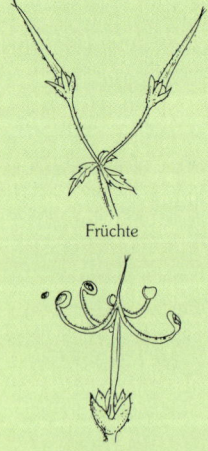

Früchte

Frucht geöffnet

In vielen Formen und Farben kann man heute das Garten-Stiefmütterchen aussäen. Es wurde aus wilden *Viola*-Arten, u.a. auch *Viola tricolor,* herausgezüchtet. Wiesen, Äcker, Wegränder und Ödlandflächen sind die Standorte, auf denen das Gewöhnliche Stiefmütterchen gedeiht. Es ist in der kühl-gemäßigten Zone auf der gesamten Nordhalbkugel verbreitet und kommt mit Ausnahme von Portugal in ganz Europa vor. Die zu den Veilchengewächsen (Violaceae) gehörende Pflanze wird 20 bis 25 cm hoch. An dem kahlen, verzweigten Stengel sitzen die lanzettlichen Blätter, deren Rand gezähnt ist. Die Blüten werden bis zu 2,5 cm breit und können in der Farbe stark variieren. Es kommen weißlich blühende Exemplare vor, hellgelbe, rötlich-blaue und blau-violette. Der Sporn der Blüten ist höchstens halb so lang wie die Kronblätter. Stiefmütterchen blühen von Mai bis Oktober. Die Blüten werden meist von Bienen bestäubt. Auffällig sind die in 3 Klappen aufspringenden Kapselfrüchte (Grafik).

Den Wiesen-Storchschnabel findet man meist gesellig wachsend in Fettwiesen vor allem tiefer Lagen. Besonders gut gedeiht die Pflanze in Senken und an Grabenrändern; der Boden muß also gut durchfeuchtet sein. 30 bis 60 cm hoch wird diese Storchschnabel-Art. Die Blätter sind mehrfach gelappt und gezähnt und kurz behaart. Gemeinsame Merkmale der Gattung sind die aus 5 Kelchblättern, 5 Kronblättern, 10 Staubblättern und einem Stempel zusammengesetzten Blüten, die beim Wiesen-Storchschnabel groß und auffällig blau gefärbt sind. Man wird also leicht auf ihn aufmerksam. Der Storchschnabel blüht von Mai bis August. Nach der Blüte wachsen Fruchtknoten und Griffel weiter, so daß sich ein Gebilde von der Form eines Vogelschnabels ergibt (Grafik). Wenn die Samen gereift sind, reißt der »Schnabel« bei trockenem Wetter in die 5 einzelnen Fruchtblätter auf, die aber im oberen Teil mit der Mittelsäule verbunden bleiben. Die Samen werden durch diesen Mechanismus aus den Fruchtfächern weit herausgeschleudert (Grafik).

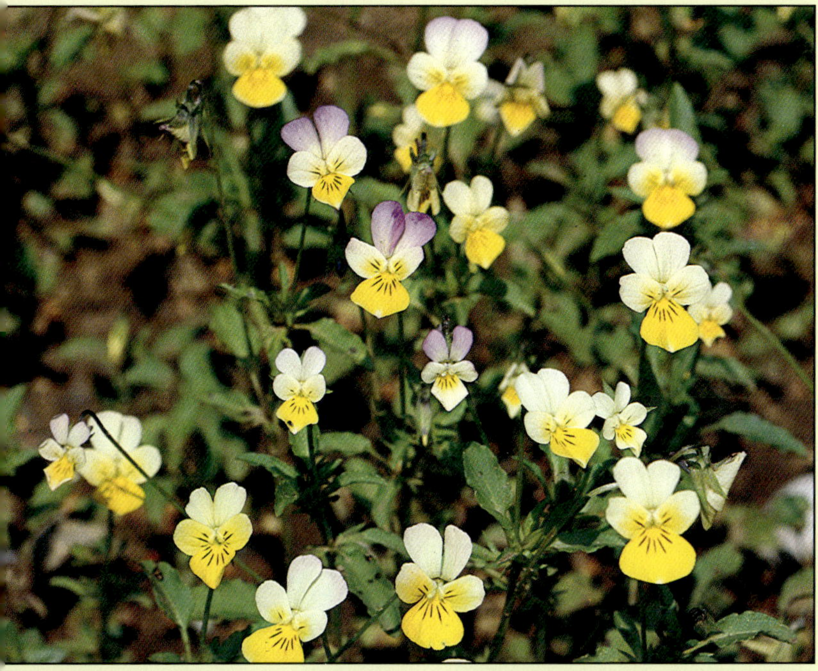

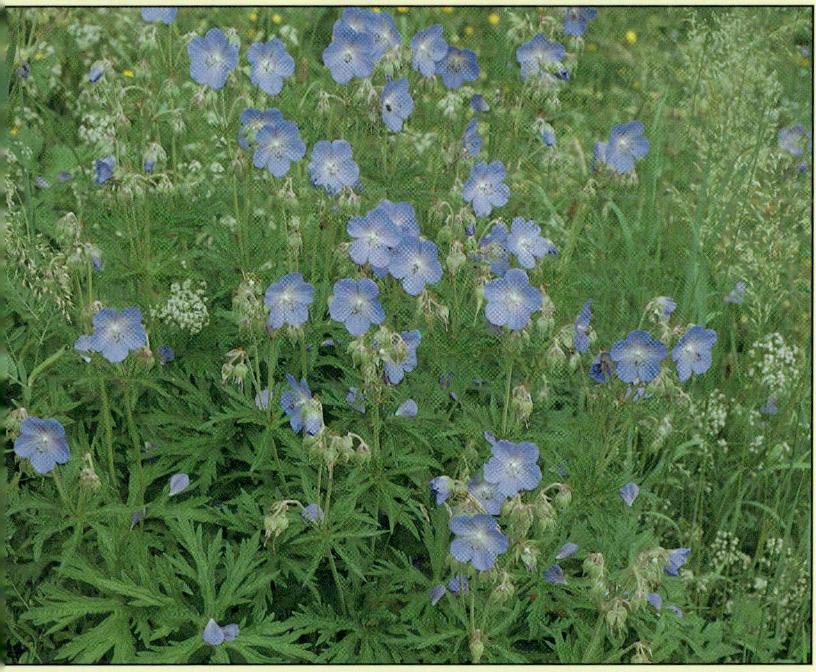

Gewöhnliche Kreuzblume
Polygala vulgaris

(Foto oben links)

Die Kreuzblume gehört in eine eigene Pflanzenfamilie, die der Kreuzblumengewächse (Polygalaceae). Die einzige europäische Gattung dieser Familie ist *Polygala*. Die Gewöhnliche Kreuzblume trifft man auf trockenen Wiesenhängen, Magerrasen und an Wegrändern an, auf nährstoffarmen und basenarmen Böden. Von der Ebene bis in Gebirgslagen hinauf ist die Pflanze vertreten. Sie wird 5 bis 20 cm hoch. An den aufsteigenden Stengeln sitzen länglich-elliptische Blätter. Die bläulichen oder rötlichen Blüten bilden eine Traube. Der Bau der zweiseitig symmetrischen Blüten ist insofern interessant, als anstelle der kleinen Blumenkrone 2 große Kelchblätter die Anlockung der Insekten übernehmen.

Zypressen-Wolfsmilch
Euphorbia cyparissias

(Foto oben rechts)

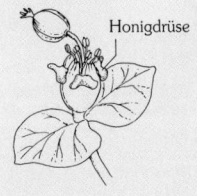

Honigdrüse

Scheinblüte

Auf den ersten Blick hin hat die Wolfsmilch einen auffällig grünlich-gelblich gefärbten Blütenstand. Tatsächlich aber zeigt sich bei näherem Hinsehen, daß das, was wie eine einzelne Blüte aussieht, für sich allein schon ein Blütenstand ist, allerdings einer mit sehr reduzierten Einzelblüten (Grafik). Mehrere dieser sogenannten Cyathien (Scheinblüten) sind zu einem doldenähnlichen Gesamtblütenstand vereinigt. Die Zypressen-Wolfsmilch wird bis zu 40 cm hoch. Sie hat nur wenige Millimeter breite Blätter und blüht von April bis Juli. Man trifft sie truppweise auf mageren Weiden, an Wegrändern und auf Ödlandflächen an.

Der Name »Wolfsmilch« bezieht sich übrigens darauf, daß ein weißer Milchsaft austritt, wenn man die Pflanze verletzt, also ein Blatt abreißt oder den Stengel durchtrennt. Der Saft ist giftig, deshalb wird die Pflanze von Tieren gemieden.

Wiesen-Kerbel
Anthriscus sylvestris

(Foto unten)

Nach dem ersten Schnitt entwickeln sich auf Fettwiesen oft flächendeckende Bestände des Wiesen-Kerbels (s. Foto). Der Kerbel ist ein häufiger Vertreter aus der Familie der Doldenblütler. In seinem Falle stehen die kleinen weißen Blüten in einer zusammengesetzten 8- bis 15-strahligen Dolde vereinigt. Die Blätter sind doppelt oder dreifach gefiedert (Grafik). Der Stengel wird bis zu 1,50 m hoch; er ist unten behaart und innen hohl. Man findet den Wiesen-Kerbel verbreitet auf Fettwiesen, an Wegrändern und auf ähnlichen Standorten von der Ebene bis in 2400 m Höhe. Er kommt in Mitteleuropa und darüber hinaus im ganzen nördlichen und mittleren Eurasien vor.

Wiesen-Bärenklau

Heracleum sphondylium

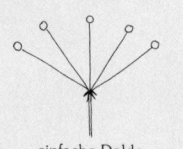

einfache Dolde

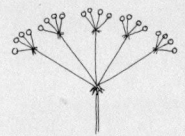

zusammengesetzte Dolde

Wilde Möhre

Der Bärenklau ist – wie der Wiesen-Kerbel – ein typischer und häufiger Vertreter aus der Familie der Doldenblütler (Apiaceae oder Umbelliferae). Die ganze Pflanzenfamilie besteht aus etwa 2500 Arten, die fast über die ganze Erde verbreitet vorkommen. In den tropischen Regionen findet man allerdings nur relativ wenige Doldenblütler. In Mitteleuropa ist mit etwa 50 Gattungen und rund 100 Arten zu rechnen. Das wichtigste Erkennungsmerkmal dieser Pflanzenfamilie sind die in Dolden angeordneten Blüten. Dabei kann die Blütendolde einfach sein, d.h. die Einzelblüten stehen am Ende von Blütenstielen, die in einem Punkt zusammenlaufen und in den Stengel übergehen. Der Bau kann aber auch komplizierter sein, wenn sich die Dolde aus vielen kleinen Döldchen zusammensetzt (Grafik).

Eine zusammengesetzte Dolde ist auch das erste Kennzeichen des Wiesen-Bärenklaus. Die weißen Blüten verströmen einen Geruch, der Insekten anlockt. Dies ist auch bei anderen Doldenblütlern der Fall. Mal stehen kleine Wolken von Fliegen um die Blütenstände herum, mal sind die Dolden mit einer Vielzahl von Käfern besetzt. Die Blätter des Wiesen-Bärenklaus sind im unteren Stengelbereich ungeteilt bis tief gelappt, im oberen meist dreifach gelappt. Der Stengel ist kantig gefurcht. Die Pflanze wird bis zu 1,50 m hoch.

Leider gibt es in der mitteleuropäischen Flora eine Vielzahl recht ähnlicher Doldenblütler, so daß man zur genauen Artdiagnose auf einen guten Bestimmungsschlüssel angewiesen ist. Dennoch ist die ganze Pflanzenfamilie insofern eine nähere Beschäftigung wert, als zu ihr viele Heil-, Gewürz- und Nutzpflanzen gehören. So wurde beispielsweise die Möhre oder Karotte aus der **Wilden Möhre** (*Daucus carota;* Grafik) herausgezüchtet. Die Wildform findet man weltweit in der gemäßigten Zone der Nordhalbkugel auf Wiesen, Äckern, an Wegrändern und auf Ödland. Ein charakteristisches Kennzeichen ist neben dem möhrenartigen Geruch der Wurzel die verkümmerte, dunkelrote Blüte in der Doldenmitte. Der Sellerie ist eine weitere wichtige Nutzpflanze aus der Familie der Doldenblütler. Petersilie, Kümmel, Dill, Fenchel – auch diese uns so geläufigen Gewürzpflanzen stammen aus derselben Familie. Es ist lohnend, immer wieder einmal der Frage nachzugehen, inwieweit die draußen beobachteten Pflanzen als Heilpflanzen, Gewürzpflanzen etc. vom Menschen genutzt werden. Entsprechende Literatur ist heute leicht zugänglich.

Große Brennessel

Urtica dioica

(Foto oben links)

weibliche Blüten

männliche Blüten

Die Geobotaniker – diejenigen Botaniker, die sich mit der Verbreitung von Pflanzen und ihren Ursachen beschäftigen – können aus dem Vorkommen bestimmter Pflanzenarten Rückschlüsse auf den jeweiligen Standort ziehen. So gibt es beispielsweise Pflanzen, die auf unterschiedlichen Böden vorkommen, und andere, die beispielsweise nur auf Kalkuntergrund wachsen. Weiterhin gibt es Pflanzen, die nur auf trockenen Standorten gedeihen, oder solche, die Schwermetalle im Boden ertragen können. Diese Pflanzen stellen sogenannte Zeigerpflanzen dar.

Die Große Brennessel als Vertreter der Brennesselgewächse (Urticaceae) ist ein Stickstoffzeiger. Man wird sie also überall dort finden, wo besonders viel Stickstoff im Boden vorhanden ist. Ursprünglich war sie auf den Raum Mittel- und Nordeurasien beschränkt. Heute ist sie weltweit verbreitet. Die Pflanze wird 30 cm bis 1,20 m hoch. Sie ist ausdauernd und besitzt einen im Boden kriechenden Wurzelstock. Die lang zugespitzten Blätter sind am Grund herzförmig, die Ränder sind grob gesägt. Die Pflanze blüht von Juni bis September. Sie ist zweihäusig, d.h. männliche (s. Foto) und weibliche Blüten stehen auf getrennten Individuen (Grafik).

Großer Ampfer

Rumex acetosa

(Foto oben rechts)

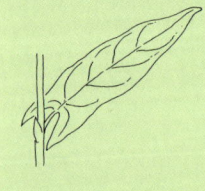

Die Gattung *Rumex* aus der Familie der Knöterichgewächse (Polygonaceae) ist mit knapp 20 Arten nicht leicht zu überschauen, zumal in einer Wiese oder einer Unkrautflur oft mehrere Arten nebeneinander vorkommen. Der Große Ampfer tritt aspektbildend auf mageren und fetten Wiesen und Weiden, an Bachufern und Wegrändern auf. Er wird 30 bis 60 cm hoch. An den lanzettlichen Blättern fällt der spieß- oder pfeilförmige Blattgrund auf; die Spießecken sind abwärts gerichtet (Grafik). Dieser Ampfer blüht im Mai/Juni. Der lockere Blütenstand erscheint rötlich. Er wird nicht durch Blätter unterbrochen.

Schlangen-Knöterich

Polygonum bistorta

(Foto unten)

Auf Wiesen und Äckern wird man auch verschiedenen Knöterich-Arten begegnen. Auf relativ feuchten Wiesen kommt der Schlangen-Knöterich vor. Seine Kennzeichen sind die eiförmig-länglichen, zugespitzten Blätter mit dem weillig-geflügelten Blattstiel und die walzliche Blütenähre mit den dicht an dicht sitzenden Einzelblüten. Die Wurzel ist verdickt und schlangenförmig gekrümmt (Name!). Dieser Knöterich wird 30 bis 80 cm hoch und blüht von Mai bis Juli. Er ist zirkumpolar verbreitet.

Rote Lichtnelke

Melandrium rubrum

(Foto oben links)

Die bis zu 1 m hohe Rote Lichtnelke trifft man regelmäßig auf feuchten, nährstoffreichen Böden an. Sie kommt in feuchten Wiesen vor, die von der Ebene bis ins Hochgebirge hinauf liegen können. Die ausdauernde Pflanze ist am ehesten im blühenden Zustand zu erkennen. Die roten Blüten stehen zu Trugdolden vereint an den Enden der behaarten Stengel. Sie werden vor allem von Hummeln und verschiedenen Tagfaltern bestäubt. Die Pflanze blüht von April bis August.

Karthäuser-Nelke

Dianthus carthusianorum

(Foto oben rechts)

Die Karthäuser-Nelke gehört noch zu den häufigeren der wild wachsenden Nelken-Arten. Sie wächst auf trockenen, sonnigen Hängen, an Böschungen und ähnlichen Stellen auf kalkreichen Böden. Sie ist eine sehr typische Pflanze der Halbtrockenrasen. Die Karthäuser-Nelke kommt von ebenen Lagen bis in Höhen um 1000 m vor.
Die Nelke besitzt einen kräftigen, überdauernden Wurzelstock. Ein kurzer oberirdischer Stamm verzweigt sich in zahlreiche Stengel, die durch Knoten gegliedert sind. An den Stengelknoten sitzen jeweils 2 grasartige Blätter, die am Blattgrund miteinander zu einer Röhre verwachsen sind. Zwischen den blütentragenden längeren Trieben stehen zahlreiche kürzere, die erst im kommenden Jahr zur vollen Höhe heranwachsen und dann ihrerseits Blüten tagen. Die Nelke wird 10 bis 40 cm hoch und blüht von Juni bis September. Die roten Blüten stehen zu 4 bis 10 gehäuft.

Kuckucks-Lichtnelke

Lychnis flos-cuculi

(Foto unten)

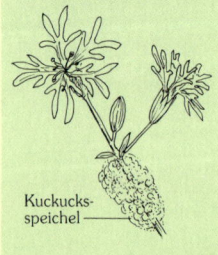

Kuckucks-speichel

In Fett- und Sumpfwiesen auf stau- oder sickernassen Böden blüht von Mai bis Juli die Kuckucks-Lichtnelke. Sie ist leicht an den rosaroten Blüten mit den zerschlitzten Blütenblättern zu erkennen. Die Blüten haben einen Durchmesser von bis zu 3 cm. Die Pflanze wird 30 bis 60 cm hoch, manchmal auch bis 90 cm. Der Stengel ist verzweigt und trägt schmal-lanzettliche Blätter. Die Grundblätter sind gestielt und haben die Form eines Spatels. Dieses Nelkengewächs kommt von der Ebene bis in 1400 m Höhe vor. Seine Verbreitung erstreckt sich über die humiden Gebiete Eurasiens. Die Namensgebung der Kuckucks-Lichtnelke führt man darauf zurück, daß man an ihnen oft den sogenannten Kuckucksspeichel findet (Grafik). Es lohnt sich also, besonders an dieser Pflanze nach den Nestern der Schaumzikadenlarven zu suchen (vgl. S. 78).

36

Wiesen-Schlüsselblume

Primula veris

(Foto oben)

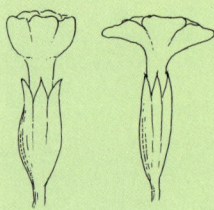

Wiesen-Schlüssel-blume **Hohe Schlüssel-blume**

Der wissenschaftliche Gattungsname der Schlüsselblume deutet es schon an: Sie gehört zu den ersten blühenden Pflanzen im Frühling. Die Wiesen-Schlüsselblume ist ausdauernd; sie überwintert mit einem kurzen, dicken Wurzelstock. Dieser Wurzelstock ist Vorratsspeicher für die Substanzen, die die Pflanze zum zeitigen Erblühen braucht. Die Blätter stehen in einer Rosette zusammen. Die jungen Blätter stehen eher nach oben, sind runzelig und an den Rändern eingerollt. Später werden sie größer, die Runzelung verschwindet fast, und die Eiform kommt zur vollen Entwicklung. Die Blätter senken sich nun auch, und es wird die typische Rosette deutlich. Vom Wurzelstock erheben sich ein oder mehrere Stengel, die fein behaart sind. Sie werden 20 cm hoch und tragen am Ende eine Dolde aus vielen goldgelben Einzelblüten. Der Blütensaum ist vertieft, und es fallen 5 rote Flecken im Schlund der Blüten auf; der Kelch ist glockig aufgeblasen, anders als bei der **Hohen Schlüsselblume** (*P. elatior;* Grafik). Und die Blüten duften! Die Wiesen-Schlüsselblume gedeiht am besten auf trockeneren Wiesen, Kalkmagerrasen, an Rainen und Waldrändern. Sie ist über fast ganz Europa bis in Höhen um 1700 m verbreitet.

Gewöhnliche Zaunwinde

Calystegia sepium

(Foto unten links)

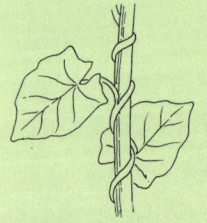

Eine Möglichkeit für Pflanzen, sich in den Genuß der zum Wachsen nötigen Lichtmengen zu bringen, ist, an benachbart stehenden Pflanzen oder anderem Untergrund emporzuwinden (Grafik). Eine Beispiel dafür ist die zu den Windengewächsen (Convolvulaceae) gehörende Zaunwinde, der man an Zäunen und Wegrändern, in staudenreichen Unkrautfluren und an ähnlichen Stellen begegnen kann. Auffällig sind also einmal die windenden Stengel, dann aber vor allem die großen, weißen, tütenförmigen Blüten, die einen Durchmesser von 6 cm erreichen. Außerdem fallen die pfeilförmigen, großen Blätter auf. Die Pflanze kann sich bis zu 3 m hoch emporwinden. Sie blüht von Juli bis September.

Gewöhnlicher Gilbweiderich

Lysimachia vulgaris

(Foto unten rechts)

Auf feuchten Wiesen, an Quellaustritten, Bachrändern und ähnlichen Plätzen blüht von Juni bis August der Gilbweiderich. Dieses Primelgewächs wird bis zu 1,50 m hoch und fällt durch seinen dichten Blütenstand auf. Die gelben Blüten stehen in einer Rispe gehäuft. Die bis zu 14 cm langen Blätter haben eine länglich-eiförmige Gestalt und sind entweder gegenständig oder drei-, selten auch vierquirlig angeordnet.

Beinwell
Symphytum officinale

Bis zu 1 m hoch wird der Beinwell, eine Staude aus der Familie der Rauhblattgewächse (Boraginaceae). Blätter und Stengel der Pflanze sind dicht mit stacheligen, meist abwärts gerichteten Borsten besetzt, ein Kennzeichen der ganzen Pflanzenfamilie.

Der Beinwell besitzt eine etwa 30 cm lange und 2 cm dicke Pfahlwurzel, die die Pflanze im Boden verankert. Die unterirdischen Teile sind schwärzlich gefärbt. Aus einem Büschel grundständiger Blätter erheben sich ein oder mehrere aufrechte Stengel. Die Stengel sind fleischig und innen hohl. An ihnen sitzen große lanzettliche bis eiförmige Blätter. Der Blattgrund läuft am Stengel entlang, so daß der ganze Stengel geflügelt erscheint. Die Blüten stehen zu Doppelwickeln gehäuft am Ende kurzer Seitentriebe, die aus den Blattachseln entspringen. Die Farbe der Blüten kann sehr variieren: Es gibt weiß blühende und dunkelpurpurfarbene, aber auch rosa und violette Exemplare. Die Blüten hängen glockig herunter. Der Beinwell blüht von Mai bis Juli. Man wird die feuchtigkeitsliebende Pflanze überall auf Naßwiesen, an Gräben und Bachufern antreffen. Ebenen bis mittlere Gebirgslagen um 1000 m werden besiedelt. Die Pflanze ist eurasiatisch verbreitet.

Kriechender Günsel
Ajuga reptans

Oberlippe

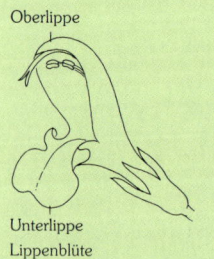

Unterlippe
Lippenblüte

Der Kriechende Günsel gehört einer weiteren Pflanzenfamilie an, der der Lippenblütler (Lamiaceae). Die gemeinsamen Kennzeichen sind einmal der vierkantige Stengel; dann stehen sich die Blätter immer paarweise gegenüber, und benachbarte Blattpaare stehen übers Kreuz. Man spricht von einer kreuzgegenständigen Blattstellung. Und schließlich sind die Blüten zweiseitig symmetrisch gebaut; man kann weiter eine Oberlippe und eine Unterlippe unterscheiden (Grafik). Gewöhnlich sind 2 kurze und 2 lange Staubblätter vorhanden. Der Fruchtknoten ist vierteilig.

Der Kriechende Günsel kommt häufig auf frischen, nährstoffreichen Wiesen vor. Typisch für diese Art sind die oberirdischen Ausläufer. Die Pflanze kann sich also einmal geschlechtlich über Samen vermehren, zum anderen aber auch ungeschlechtlich, indem sie an den Ausläufern Tochterpflanzen bildet. Am Ende des ersten Jahres werden diese Tochterpflanzen selbständig. Sie überwintern mit der Blattrosette. Im zweiten Jahr wird dann der bis zu 30 cm hohe Stengel getrieben, der oben in den Blütenstand endet. Die Oberlippe der blauen Blüten ist sehr kurz. Der Kriechende Günsel blüht von April bis Juli.

40

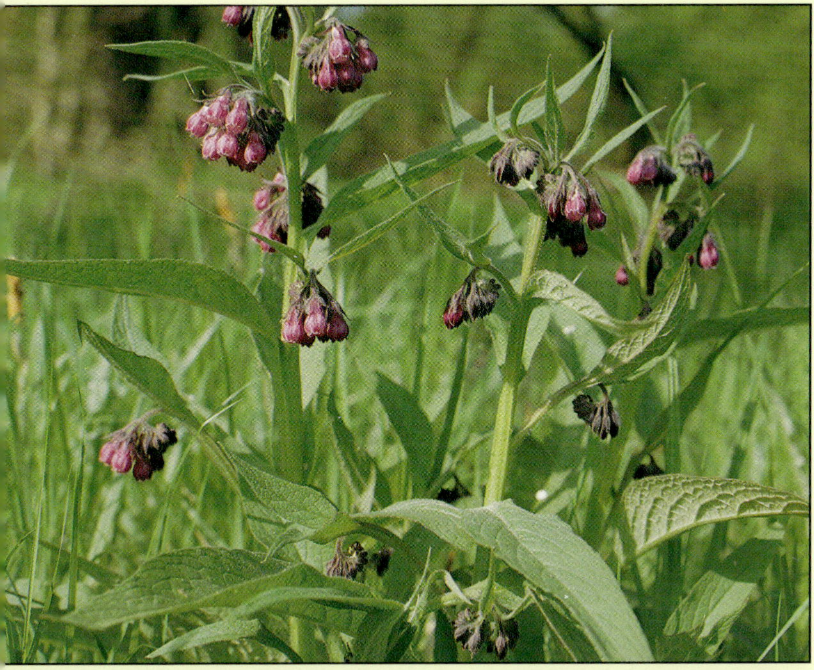

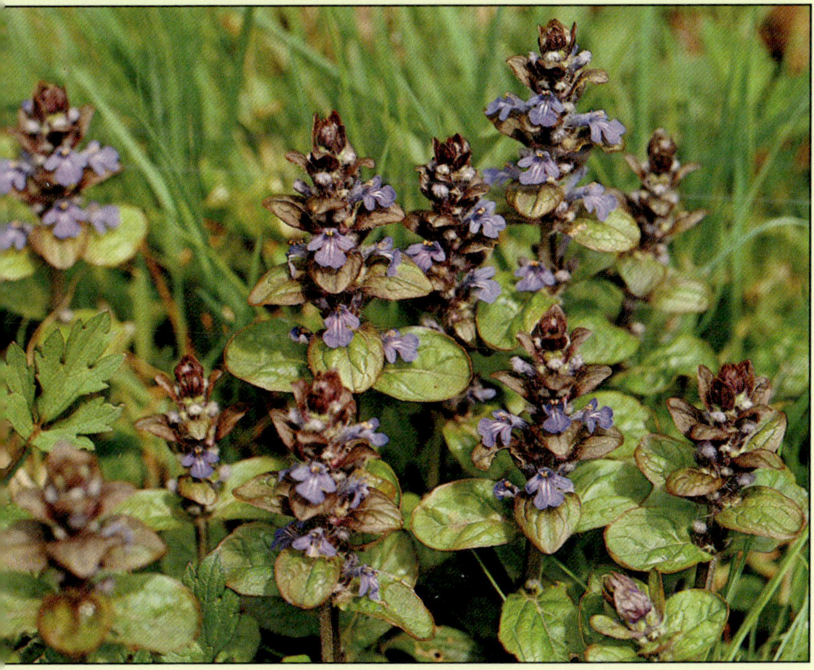

Gundermann
Glechoma hederacea

(Foto oben)

Den Gundermann – auch Gundelrebe genannt – trifft man oft zusammen mit dem Günsel an, auf frischen bis nassen Wiesen und Weiden. Dieser Lippenblütler wird 10 bis 15 cm hoch. Gute Kennzeichen sind die rundlich-nierenförmigen, gekerbten Blätter und die blauvioletten Blüten, die zu zweien oder dreien in Halbquirlen zusammenstehen. Der Gundermann blüht von März bis Mai. Er kommt in ganz Europa und Teilen Asiens von ebenen Lagen bis in etwa 1400 m Höhe vor.

Gewöhnliche Braunelle
Prunella vulgaris

(Foto unten links)

Diesem Lippenblütler begegnet man verbreitet auf Fettwiesen, Moorwiesen, auf Parkrasen und an Bachufern – auf frischen bis feuchten Standorten. Die Pflanze ist zudem Nährstoffzeiger, stellt also einige Ansprüche an den Nährstoffgehalt des Bodens. Die Gewöhnliche Braunelle ist eine mehrjährige Pflanze, die 10 bis 30 cm hoch wird. Die Blätter sind länglich bis eiförmig und sparsam behaart. Typisch sind die eng zusammenstehenden, blauvioletten, bis zu 15 mm langen Blüten. Die Pflanze blüht von Juni bis September und kommt von der Ebene bis in Gebirgslagen von 2200 m vor.

Weiße Taubnessel
Lamium album

(Foto unten rechts)

Rote Taubnessel

Taubnesseln sind ganz charakteristische Lippenblütler. Die Oberlippe der Blumenkrone ist deutlich helmförmig ausgebildet. Die Unterlippe zeigt einen großen, zweilappigen Mittelzipfel und 2 kleine Nebenzipfel. Der Kelch ist fünfzähnig. Die Blätter erinnern mit ihrer Form und der deutlich hervortretenden Aderung an die der Brennessel, haben aber keine Brennhaare; daher der Name »Taubnessel«. Die 2 bis 2,5 cm langen Blüten der Weißen Taubnessel stehen in den Achseln der Blätter; sie scheinen aber quirlig angeordnet zu sein. Die Planze wird bis zu 50 cm hoch und blüht von April bis August. Sie wächst truppweise auf stickstoffreichem Untergrund, an Wegrändern, Zäunen, Hecken und auf Schuttplätzen.
An ähnlichen Stellen trifft man auch die **Rote Taubnessel** *(Lamium purpureum)* an. Diese Art hat herzförmige Blätter und rötliche Blüten, die am Sproßende gehäuft stehen (Grafik). Sie blüht von März bis in den Oktober.

Wiesen-Salbei
Salvia pratensis

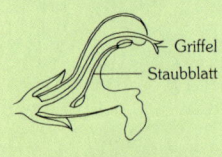

Griffel
Staubblatt

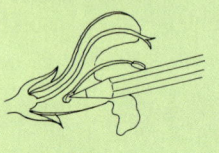

Blütenbau

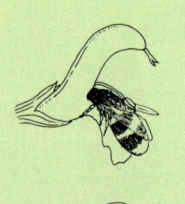

Bestäubung

In Kalkmagerrasen, in Halbtrockenrasengesellschaften, auf warmen Fettwiesen, an Wegrändern und Böschungen kann man dem Wiesen-Salbei häufig begegnen. Die Pflanze wird 30 bis 60 cm hoch, je nach den herrschenden Standortbedingungen. Die unregelmäßig gekerbten, runzelig erscheinenden Blätter sind vorwiegend in einer grundständigen Rosette angeordnet, der Stengel ist nur wenig beblättert.

Von April bis August blüht dieser mehrjährige Lippenblütler. Der Blütenstand aus blauvioletten, selten auch rosafarbenen oder weißen Blüten ist sehr auffällig. Man sollte sich aber die Mühe machen, eine Einzelblüte einmal genauer zu betrachten. Der Wiesen-Salbei ist nämlich eine der Pflanzen, anhand derer man sich Einblicke in das interessante Gebiet der Blütenökologie verschaffen kann. Bei einer jungen Salbeiblüte sieht man lediglich das Griffelende aus der Blüte hervorschauen, vielleicht gerade noch die Spitzen der Staubbeutel. Schiebt man jetzt einen Bleistift oder einen Grashalm zwischen Ober- und Unterlippe in die Blüte hinein, dann klappen die beiden Staubblätter mit ihren Staubbeuteln wie Schlagbäume nach unten (Grafik). Zieht man den Gegenstand zurück, nehmen die Staubblätter die alte Position wieder ein. Jetzt sollte man warten, bis eine bestäubende Biene auf der Unterlippe anfliegt. Dann erst sieht man, wie sinnreich die Schlagbäume funktionieren. Die Staubbeutel werden auf das behaarte Hinterende der Biene gedrückt und hinterlassen dort den Pollen, den die Biene dann zur nächsten Blüte trägt (vgl. obere Grafik »Bestäubung«). Als letztes könnte man sich die Mühe machen, eine Salbeiblüte der Länge nach aufzuschneiden. Man sieht dann den Mechanismus, der dieser Bewegung der Staubblätter zugrunde liegt. Am unteren Ende der Staubblätter werden kleine Platten sichtbar. Wenn man auf die Platten drückt, klappen die Schlagbäume herunter. Das Ganze bewegt sich um einen Drehpunkt, den man an der geöffneten Blüte ebenfalls gut ausmachen kann.

Der komplizierte Mechanismus hat eigentlich nur Sinn, wenn Fremdbestäubung gesichert ist. Dieses Problem löst der Wiesen-Salbei nun dadurch, daß zuerst die Staubblätter reifen; er ist vorstäubend. Der Biologe nennt das Proterandrie. Das bestäubende Insekt fliegt mit dem Pollen eine andere, ältere Blüte an, bei der die Narben schon weit heraushängen (vgl. untere Grafik »Bestäubung«).

44

Gamander-Ehrenpreis

Veronica chamaedrys

(Foto oben links)

Einzelblüte,
Stengelbehaarung

Eine artenreiche Gattung ist die Gattung *Veronica*. Der Gamander-Ehrenpreis ist aber gut daran zu erkennen, daß sein Stengel, der 10 bis 30 cm hoch wird, zweizeilig behaart ist (Grafik). Die gekerbten Blätter sitzen direkt am Stengel an oder haben einen kurzen Stiel. Sie sind eiförmig-spitz, der Blattgrund ist abgerundet. Die Blüten – himmelblau mit dunkleren Adern – stehen in einer kleinen Traube zusammengefaßt. 4 Kelchblätter, 4 Kronblätter und 2 Staubblätter – das ist der typische Bau der *Veronica*-Blüte (Grafik). Er ist damit deutlich von dem anderer Rachenblütler (Scrophulariaceae) wie Königskerze (*Verbascum* spec.), Leinkraut (*Linaria* spec.) oder Löwenmäulchen (*Antirrhinum* spec.) unterschieden. Der Gamander-Ehrenpreis blüht von Mai bis August. Er ist über ganz Europa bis in 2200 m Höhe verbreitet und kommt in Wiesen, an Wegrainen, an Hecken und an den Rändern von Feldgehölzen vor.

Gewöhnlicher Augentrost

Euphrasia rostkoviana

(Foto oben rechts)

Augentrost – das ist wieder der Name einer Heilpflanze. Tatsächlich werden die Pflanzen zur Blütezeit ohne die Wurzeln gesammelt und getrocknet. Der aufgegossene Tee enthält Substanzen, die gegen Bindehautentzündung, Tränensackentzündung und Heuschnupfen wirken.
Diesen Rachenblütler findet man verbreitet in magerer Fettwiesen und Weiden von ebenen Lagen bis in rund 2300 m Höhe. Er ist einjährig und wird bis zu 25 cm hoch. Der Stengel ist flaumig behaart. Die Blätter sind eiförmig, an der Spitze gezähnt. Ihr breiter Blattgrund umschließt den Stengel. Der Augentrost blüht von Mai bis Oktober. Die weißen oder blaßlila Blüten mit der am Rand umgeschlagenen Oberlippe und der gelb gefleckten Unterlippe sind unverkennbar. Die Pflanze ist ein Halbschmarotzer, d.h. sie kann noch selbst Photosynthese durchführen, zapft aber andere Pflanzen an, um Nährsalze und Wasser abzuzweigen.

Zottiger Klappertopf

Rhinanthus alectorolophus

(Foto unten)

Dieser Rachenblütler hat ebenfalls eine deutlich zweilippige Blüte. Auch er ist ein Wurzelschmarotzer. Man findet den Klappertopf auf Fettwiesen in warmen Lagen, auf Halbtrockenrasen und ähnlichen Flächen. Stengel, Hochblätter und Kelch sind zottig behaart. Die Stengelblätter sind eiförmig bis lanzettlich, die Hochblätter gezähnt. Der Klappertopf wird 10 bis 50 cm hoch und blüht von Mai bis Juli. Die reifen Samen in den Fruchtkapseln verursachen beim Schütteln ein klapperndes Geräusch (Name!).

46

Mittlerer Wegerich

Plantago media

(Foto oben links)

Der Mittlere Wegerich hat breit-elliptische, kurz gestielte Blätter. Die Blüten stehen in einer Ähre vereinigt, die viel kürzer als der Schaft ist. Die Staubfäden sind lila gefärbt. Magere Fettwiesen und Halbtrockenrasen sind die Standorte dieser Art.

Ähnlich ist der **Große Wegerich** *(Plantago major)*. Seine großen, eiförmigen Blätter sind deutlich gestielt. Die Ähre ist so lang wie der Schaft; die Staubfäden sind weiß. Diese Pflanze ist so kräftig, daß sie sich auch auf Feldwegen halten kann. Man sagt, sie ist trittfest.

Wiesen-Labkraut

Galium mollugo

(Foto oben rechts)

Diese mit dem Waldmeister *(Galium odoratum)* nahe verwandte Pflanze kommt verbreitet in Fettwiesen, aber auch in Halbtrockenrasen und an den Rändern von Hecken und Feldgehölzen vor. Der Stengel ist vierkantig und weist keine gekrümmten, kleinen Stacheln auf, wie es für andere *Galium*-Arten kennzeichnend ist. Die Blätter stehen in typischen Quirlen; sie sind 2 bis 8 mm breit und enden in einer kleinen Spitze. Das Wiesen-Labkraut blüht von Mai bis September. Die Blüten sind weiß oder leicht gelblich gefärbt.

Acker-Witwenblume

Knautia arvensis

(Foto unten links)

Häufig anzutreffen auf Fettwiesen, an Wegrändern, den Rändern von Feldgehölzen und Hecken und auf Feldern ist die Acker-Witwenblume. Mit Skabiosen und Karden – als wichtigsten nahen Verwandten – bilden sie die Familie der Kardengewächse (Dipsacaceae). Die Witwenblume wird 30 bis 80 cm hoch. Der Stengel ist behaart oder beborstet, und die Haare sind nach rückwärts gebogen. Die Grundblätter sind einfach, die Stengelblätter dagegen wenigstens teilweise fiederspaltig und matt graugrün gefärbt. Die Hochblätter sind eiförmig bis lanzettlich. Auffällig sind die langgestielten violetten Blütenköpfe. Die Einzelblüten sind vierspaltig und am Rand des Blütenkopfes größer als im Zentrum. Das gesamte Köpfchen ist von einem Hüllkelch umgeben. Die Witwenblume ist über fast ganz Europa und Asien verbreitet und kommt bis in 1000 m Höhe vor.

Wiesen-Glockenblume

Campanula patula

(Foto unten rechts)

An der Farbenpracht unserer Wiesen haben die meist blau blühenden Glockenblumen einen großen Anteil. Die Wiesen-Glockenblume blüht zwar eher hell lila, sie wird aber bis 60 cm hoch, ist also eine sehr stattliche Art. Die Blütenstiele tragen oberhalb der Mitte zwei schmale Hochblätter. Die Blumenkrone ist bis zur Mitte gespalten. Die Kelchzipfel sind deutlich kürzer als die Kronröhre. Die Pflanze blüht von Mai bis August.

Gänseblümchen
Bellis perennis

Interpretierte man den wissenschaftlichen Namen des Gänseblümchens etwas frei, dann könnte man sagen, es ist eine schöne, das ganze Jahr über blühende Pflanze. Tatsächlich blüht das Gänseblümchen von Februar bis November. Es ist zudem eine ausdauernde Pflanze, die mit ihrem Wurzelstock überwintert. Über die Blattrosette erheben sich die Blütenköpfchen, die am Ende von nicht beblätterten Stengeln sitzen. Insgesamt wird das Pflänzchen bis zu 20 cm hoch. Es ist in ganz Europa überall auf Wiesen und Weiden häufig anzutreffen, von ebenen Lagen bis in Höhen von rund 1900 m.

Die Blütenköpfchen schließen sich gegen Abend. Vielfach hängen sie dann auch etwas herab. Am Morgen aber öffnen sich die Blüten, und man kann sich die wesentlichen Kennzeichen der Korbblütler (Asteraceae) vor Augen führen. Zunächst einmal ist das Blütenköpfchen bei allen Korbblütlern aus Einzelblüten zusammengesetzt. Dabei kommen 2 Typen von Blüten vor. Einmal gibt es sogenannte Zungenblüten. Das sind beim Gänseblümchen die weißen äußeren Blüten des Körbchens. Diese Blüten sind hier steril und haben lediglich die Aufgabe der Werbung, sprich: Diese Blüten helfen, bestäubende Insekten anzulocken. Im inneren Teil des Körbchens sieht man die gelben sogenannten Röhrenblüten. Diese Blüten sind fertil; in den Fruchtknoten werden Samen gebildet. Im Fall des Gänseblümchens werden die Samen vom Wind verbreitet.

Je nach dem Vorhandensein nur eines Blütentyps oder beider Blütentypen unterteilt man die Korbblütler in zwei große Gruppen. Die eine Gruppe besitzt nur Röhrenblüten oder zusätzlich zu den Röhrenblüten noch einen Kranz von sterilen Zungenblüten (Grafik). Pflanzen dieser Gruppe haben nie Milchsaft im Stengel. Hierher gehören das Gänseblümchen und die Wiesen-Margerite *(Chrysanthemum leucanthemum),* der Huflattich *(Tussilago farfara),* die Astern und andere. Die zweite große Korbblütler-Gruppe besitzt nur Zungenblüten (Grafik) und hat in der Regel einen weißen Milchsaft im Stengel. In diese Gruppe stellt man Arten wie den Löwenzahn *(Taraxacum officinale),* den Wiesen-Bocksbart *(Tragopogon pratensis)* oder die Wegwarte *(Cichorium intybus).* Diese grobe Einteilung macht es schon etwas einfacher, die Vielzahl der Korbblütler näher kennenzulernen. Einige häufige Arten wird man nach und nach in Erinnerung behalten. Aber immer wieder muß man bei der Bestimmung einzelner Arten auf Bestimmungsschlüssel zurückgreifen.

Zungenblüten Röhrenblüten

Zungenblüten

Gewöhnliche Schafgarbe
Achillea millefolium

Auf den ersten Blick scheint die Schafgarbe gar nicht zu den Korbblütlern zu gehören. Das liegt daran, daß bei ihr die einzelnen Blütenköpfchen in einer dolden-ähnlichen Anordnung zusammenstehen. Andererseits ist dies gerade das Kennzeichen, an dem man die Pflanze gut erkennen kann. Hinzu kommen die wechselständigen, doppelt fiederteiligen Blätter, die jeweils über 10 Fiedern aufweisen.

Die ausdauernde, kräftige Pflanze wird 15 bis 50 cm hoch. Sie weist einen aufrechten, beblätterten Stengel auf. Die Schafgarbe wurzelt bis zu 90 cm tief. Als Wurzelkriecher kommt ihr einige Bedeutung als Bodenfestiger zu. Man findet die Pflanze verbreitet auf Fettwiesen und fetten Weiden, in Halbtrockenrasen- und Sandrasengesellschaften, auf Äckern und an Ruderalstandorten. In der gemäßigten Zone kommt die Gewöhnliche Schafgarbe heute weltweit vor. Sie ist über ganz Europa verbreitet und wächst in der Ebene so gut wie in mittleren Höhenlagen bis 1900 m. Sie blüht von Juni bis Oktober.

Die Schafgarbe ist eine alte Heilpflanze. In der entsprechenden Literatur wird man eine Fülle von Krankheiten finden, die mit Schafgarbentee und anderen Zubereitungen behandelt werden können.

Huflattich
Tussilago farfara

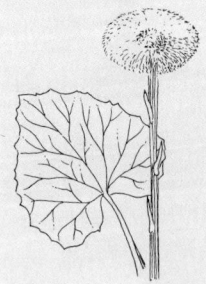

Blatt, Fruchtstand

Diesen Korbblütler wird man leicht erkennen und im Gedächtnis behalten. Das hat mehrere Gründe. Einmal fällt die Pflanze durch ihren frühen Blühtermin auf. Bereits im Februar findet man blühende Exemplare; die Blütezeit erstreckt sich aber bis in den April hinein. Während dieser Zeit wird man vergeblich nach Blättern suchen. Nur die blütentragenden Stengel mit den kleinen Schuppenblättern ragen jetzt aus dem Boden. Erst nach der Blüte wachsen die herzförmigen Blätter heran, die etwa an die Form eines Pferdehufes erinnern (Grafik); daher der Name der Pflanze. Waren die Stengel während der Blüte nur 10 bis 15 cm hoch, so wachsen sie mit der Samenreife auf etwa die doppelte Höhe aus (Grafik). Dieses Wachstum hat durchaus einen biologischen Sinn: Die Samen besitzen nämlich Flughaare und werden vom Wind verbreitet. Ein größerer Abstand vom Boden bedeutet aber eine erhöhte Wahrscheinlichkeit, daß die Samen möglichst weit fliegen. Der Huflattich kommt an Wegen, Kiesgruben, Wiesenrändern, an Äckern und auf Erdanrissen vor. Höhen bis zu 2300 m werden besiedelt. Die Pflanze ist heute in der gemäßigten Zone weltweit verbreitet.

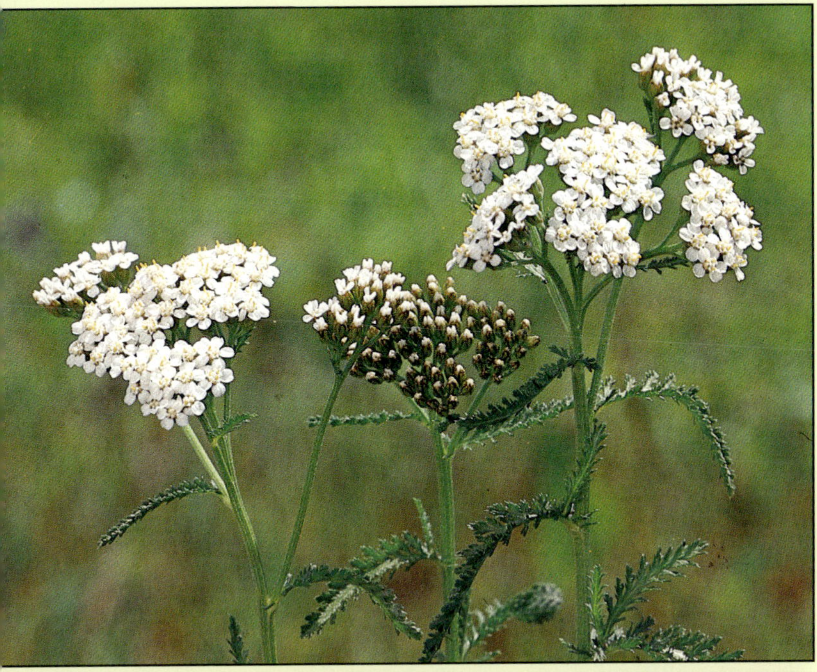

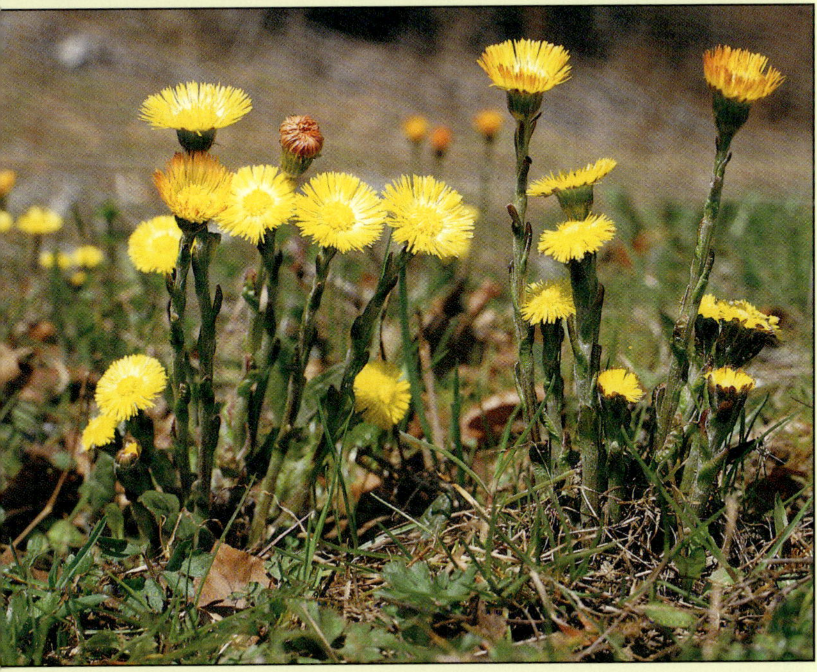

Wiesen-Margerite

Chrysanthemum leucanthemum

(Foto oben)

Die Blütenkörbchen der Wiesen-Margerite sind wie beim Gänseblümchen aus weißen Zungenblüten und gelben Röhrenblüten zusammengesetzt. Mit 20 bis 80 cm wird die Margerite aber wesentlich höher als die nahe verwandte Art. Die Stengel sind teilweise verzweigt, zum Teil münden sie unverzweigt in die Blütenköpfchen. Die Stengelblätter sind ungeteilt und haben einen gekerbt-gesägten Rand. Im unteren Bereich des Stengels sind die Blätter leicht gestielt, im oberen umfaßt der Blattgrund den Stengel. Die Margerite blüht von Mai bis in den Oktober hinein. Fettwiesen, Brachland, Wegränder und Magerrasen im Gebirge – das sind die unterschiedlichen Standorte, an denen man die Margerite antreffen kann.

Rainfarn

Chrysanthemum vulgare

(Foto unten links)

Der Rainfarn ist zwar mit der Wiesenmargerite nahe verwandt, aber das wird wohl erst auf den zweiten Blick hin deutlich. Ein Merkmal des Rainfarns fällt sofort ins Auge: Seinen Blütenköpfchen fehlen die Zungenblüten, es sind lediglich die gelben Röhrenblüten vorhanden. Die Pflanze blüht von Juli bis September. Sie wird 40 cm bis 1,20 m hoch. Am Stengel sitzen gefiederte Blätter, die ihrerseits aus 8 bis 12 länglich-lanzettlichen, fiederschnittig gesägten Blättchen aufgebaut sind. Die Form der Fiederblätter erinnert an die mancher Farne, daher der Name dieses Korbblütlers. Der Rainfarn ist eine häufige und wegen seines geselligen Vorkommens auch recht auffällige Pflanze. Überall in staudenreichen Unkrautfluren, an Wegrändern, Bahndämmen, an Feldrainen und ähnlichen Stellen kann man die Pflanze sehen. Bis in etwa 1000 m Höhe kommt sie vor. Sie ist heute weltweit verbreitet.

Große Klette

Arctium lappa

(Foto unten rechts)

Klettfrucht

Auf den ersten Blick sehen die Blütenköpfe der Kletten wie die von Disteln aus. Da die Blätter des Hüllkelches hakig gekrümmt sind (Grafik), bleiben die Fruchtstände leicht im Fell von Tieren hängen – ein Paradebeispiel für die Verbreitung von Samen mit Hilfe von Tieren. Den Kletten fehlen weiter die Stacheln an Sproß und Blättern, so daß eine Unterscheidung von den Disteln leicht möglich ist. Die Große Klette hat unterseits weißgraue Blätter, die an markerfüllten Stielen sitzen. Die Pflanze wird bis zu 1,50 m hoch. Sie wächst auf Unkrautfluren, an Wegrändern und ähnlichen Stellen.

Gewöhnliche Pestwurz

Petasites hybridus

(Foto oben)

Blatt, Fruchtstand

Die Pestwurz trifft man schon im zeitigen Frühjahr blühend an. Von März bis Mai sieht man auf Naßwiesen, an Bach- und Flußufern – also an Standorten mit feuchtem Boden und hoher Luftfeuchtigkeit – die auffälligen rötlichen Blütenstände, die meist nicht höher als etwa 30 cm werden. Der große eiförmige Blütenstand ist aus vielen einzelnen Blütenköpfchen zusammengesetzt. Hier wird deutlich, warum die Pestwurz-Arten zu den Korbblütlern zählen. Die Gewöhnliche Pestwurz ist zweihäusig, es treten also männliche und weibliche Exemplare auf, die man an der unterschiedlichen Größe der Blütenköpfchen auseinanderhalten kann. Nach der Blüte wird die ganze Pflanze auffälliger. Zum einen wächst der blütentragende Stengel deutlich in die Höhe. Bis zu 1 m kann die Pflanze hoch werden, und dann sind die einzelnen Blütenköpfchen zu einer länglichen Rispe auseinandergezogen (Grafik). Zum anderen erscheinen die riesigen Laubblätter, die immerhin 60 cm breit werden können. Sie haben eine etwa herzförmige Gestalt (Grafik). Die Gewöhnliche Pestwurz kommt von der Ebene bis zu 1500 m Höhe vor und ist über ganz Europa verbreitet.

Acker-Kratzdistel

Cirsium arvense

(Foto unten links)

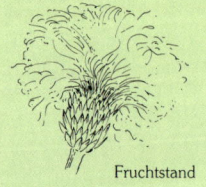

Fruchtstand

Überall verbreitet in Unkrautfluren, auf Äckern, an Wegrändern und auf Ruderalflächen ist die Acker-Kratzdistel. Die Pflanze wird 50 cm bis 1,20 m hoch. Der Stengel ist reich beblättert und verzweigt, wobei einzelne Äste oft keine Blüten tragen. Die Blätter sind tief gelappt, manchmal auch nur eingebuchtet. Sie laufen am Stengel nicht oder kaum herab. Die schmutziglila Blütenköpfchen setzen sich teilweise aus eingeschlechtigen Blüten zusammen. Die Acker-Kratzdistel blüht im Juli/August. Die Samen (Fruchtstand s. Grafik) werden durch den Wind verbreitet. Die Pflanze kommt von der Ebene bis in Höhen um 1300 m vor.

Kornblume

Centaurea cyanus

(Foto unten rechts)

Spätestens seit die Kornblume in den Getreidefeldern selten geworden ist, machen sich die Botaniker ernsthaft Gedanken darüber, ob man nicht auch die sogenannten »Unkräuter« schützen müßte. Da die Pflanze prächtig blaue Blütenköpfe besitzt, wird man sie leicht entdecken. Die Köpfchen bestehen nur aus Röhrenblüten, von denen die randständigen steril sind. Diese zeigen eine trichterförmig erweiterte und zerschlitzte Röhre. Die Kornblume blüht von Juni bis Oktober. Sie wird 30 bis 80 cm hoch und besiedelt ebene bis mittlere Lagen.

Wegwarte

Cichorium intybus

(Foto oben links)

Die Wegwarte ist eine sparrige Pflanze, die bis zu 1,20 m hoch werden kann. Man findet sie bis in Lagen um 900 m überall in Unkrautfluren, an Wegrändern, Bahndämmen und auf Äckern. Die Grundblätter sehen denen des Löwenzahns ähnlich. Die Stengelblätter haben eine länglich-lanzettliche Form, sitzen direkt am Stengel an und umfassen ihn halb. Zur Blütezeit im Juli/August sitzen an verschiedenen Stellen des Stengels die großen, blauen Blütenköpfchen. Ihr Durchmesser kann bis zu 4 cm betragen. Je nach Blütezeit und Witterung schließen sich die Blütenköpfchen früher oder später gegen Abend.

Die Wegwarte ist eine mehrjährige Pflanze, die mit einer langen Pfahlwurzel überdauert. Diese Wurzel kann man in Stücke zerschneiden, trocknen und in einem Mörser zerstoßen oder gleich in der Kaffeemühle mahlen. Es ergibt sich ein schwarzbraunes Pulver, das als Kaffee-Ersatz (Zichorie!) allgemein bekannt ist oder zumindest war. Die Wegwarte wurde deswegen früher felderweise angebaut. Zichorienkaffee wurde bis zur Mitte dieses Jahrhunderts viel getrunken.

Wiesen-Bocksbart

Tragopogon pratensis

(Foto oben rechts)

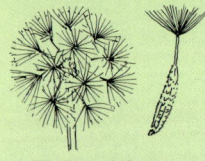

Fruchtstand, Same

Typisch für die Fettwiesen ist der Wiesen-Bocksbart, der mit einer Höhe von bis zu 70 cm kaum zu übersehen ist. Die Blätter sind zwar unauffällig linealisch, aber die großen goldgelben Blütenköpfe fallen auf. Sie können einen Durchmesser von 8 cm erreichen. Oft wird man aber vergeblich nach dem Bocksbart Ausschau halten, denn bereits in den späten Vormittagsstunden schließt die Pflanze ihre Blüten, und im hohen Bewuchs einer Fettwiese übersieht man die Stengel leicht. Der Wiesen-Bocksbart blüht von Mai bis Juli. Ebene Lagen bis Höhen um 1700 m werden besiedelt.

Gewöhnlicher Löwenzahn

Taraxacum officinale

(Foto unten)

Fruchtstand, Same

Der Löwenzahn ist wohl zusammen mit dem Gänseblümchen der bekannteste Korbblütler in der heimischen Flora. Die Pflanze besitzt eine bis zu 2 m lange Pfahlwurzel. Typisch ist ferner die Blattrosette mit den gezähnten oder fiederspaltigen Blättern. Über die Rosette erheben sich die zahlreichen gelben Blütenköpfchen an bleichen, hohlen Stengeln, die weißen Milchsaft enthalten. Der Gewöhnliche Löwenzahn blüht im April/Mai und bildet den typischen Frühlingsaspekt der Fettwiesen. Daneben kommt er auf Unkrautfluren, an Wegrändern und Ruderalstandorten vor.

Gelbe Narzisse
Narcissus pseudonarcissus

(Foto oben)

Blatt einer einkeimblättrigen
Pflanze

Blatt einer zweikeimblättrigen
Pflanze

Nickender Milchstern
Omithogalum nutans

(Foto unten links)

Herbstzeitlose
Colchicum autumnale

(Foto unten rechts)

Fruchtstand

Im Gegensatz zu den bisher besprochenen Pflanzen gehören die folgenden Arten in die Klasse der Einkeimblättrigen (Monocotyledoneae). Die Unterabteilung der Bedecktsamigen Blütenpflanzen gliedert sich ja in die Klassen der Zweikeimblättrigen (Dicotyledoneae) und der Einkeimblättrigen. Das wesentlichste Unterscheidungsmerkmal beider Klassen ist, daß die Keimlinge der Zweikeimblättrigen 2 Keimblätter besitzen, die der Einkeimblättrigen nur eines. Letztere zeigen in den Blättern bis auf wenige Ausnahmen eine parallele Aderung; die Zweikeimblättrigen besitzen überwiegend netznervige Blätter (Grafik). Schließlich sind für die meisten Einkeimblättrigen dreizählige Blütenkreise charakteristisch.

Die Gelbe Narzisse ist eine Kostbarkeit der heimischen Flora, die stellenweise auf feuchten, nährstoffreichen Wiesen vorkommt. Sie wird 15 bis 30 cm hoch und blüht bereits im März/April. Die Art gilt nach der Roten Liste als »gefährdet« und steht unter Schutz.

Den Nickenden Milchstern, ein Liliengewächs, wird man heute nur noch selten antreffen. Vor allem in Weinbergen kommt er aber noch vor. Die Weinberggesellschaften sind für den Botaniker sehr interessant, denn hier kann er noch die Wilde Tulpe *(Tulipa silvestris)* oder die Weinberg-Traubenhyazinthe *(Muscari racemosum)* finden – beides selten gewordene Arten. Vergesellschaftet mit dem Nickenden Milchstern – mit seinem traubigen Blütenstand aus 3 bis 12 außen grünlichen, innen weißen Blüten – wird man oft den nahe verwandten Doldigen Milchstern *(Omithogalum umbellatum)* – mit seinem doldigen Blütenstand – antreffen. Beide Arten blühen im April/Mai.

Um dieses Liliengewächs zu charakterisieren, könnte man sagen, es ist »ein im Herbst blühender rosa Krokus«. An diese Pflanze erinnert nämlich die Herbstzeitlose. Zur Blütezeit – August bis Oktober – wird man nach den Blättern vergeblich suchen. Diese erscheinen erst im kommenden Frühjahr, und in deren Mitte sitzt dann die große Fruchtkapsel (Grafik). Die Pflanze ist also in idealer Weise an den Mährhythmus der Wiesen angepaßt. Sie blüht nach dem letzten (oder vorletzten) und fruchtet vor dem ersten Schnitt (vgl. Grafik S. 9) Die Herbstzeitlose kommt auf Wiesen bis in 2000 m Höhe vor.

Mücken-Händelwurz

Gymnadenia conopea

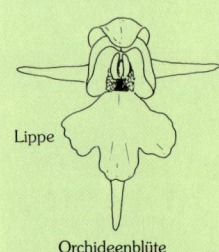

Lippe

Orchideenblüte

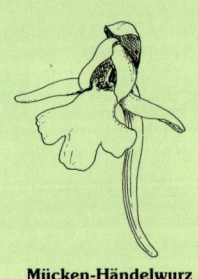

Mücken-Händelwurz

Wohlriechende Händelwurz

Sind schon die Wilde Tulpe, die Traubenhyazinthe, die Narzisse oder der Milchstern Pflanzen, die den botanisch Interessierten sehr reizen, so wird er vollends in Euphorie geraten, wenn er auf seinen Exkursionen Orchideen am natürlichen Standort antrifft.

Die Familie der Orchidaceae umfaßt etwa 15000 Arten, die auf rund 500 Gattungen verteilt sind. Der größte Teil der Orchideen kommt in den tropischen Regenwäldern vor. Aber auch die anderen Lebensräume von den Steppen bis zum Hochgebirge werden besiedelt. In Mitteleuropa sind rund 60 Orchideenarten beheimatet, und auch hier werden die unterschiedlichsten Lebensräume besiedelt.

Die gemeinsamen Kennzeichen der Orchideen kann man wie folgt beschreiben: Es sind Stauden mit kugeligen oder zerteilten Wurzelknollen. Interessant ist der Bau der Blüten. Orchideenblüten sind zweiseitig symmetrisch gebaut. Die Blütenhülle setzt sich aus 6 Blättern zusammen, die aber eine sehr unterschiedliche Form haben können. Sie sind in 2 Kreisen angeordnet. Das mittlere Blatt des inneren Kreises weicht in Form und Farbe meist deutlich von den anderen Blütenblättern ab. Es ist die sogenannte Lippe (Grafik). Sie hat die Funktion, Insekten zur Bestäubung anzulocken und ihnen einen Landeplatz zu bieten. In der Blüte findet man 1 oder 2 Staubblätter. Die Pollen eines Staubbeutels sind zum Pollinium vereinigt.

In Kalkmagerrasen, auf rasigen Böschungen, in Flach- und Quellmooren kommt die Mücken-Händelwurz heute noch ziemlich häufig und gesellig vor, während viele andere Orchideen-Arten bereits recht selten geworden oder gar in Mitteleuropa ganz verschwunden sind. Die Händelwurz wird 30 bis 60 cm hoch. Sie überdauert mit einer geteilten Knolle. Über die schmalen, langen Blätter erhebt sich der die Blütenähre tragende Stengel. Die Blüten besitzen eine dreilappige Lippe. Die Blütenfarbe kann von hellrosa bis hellrot variieren. Der dünne, fadenförmige Sporn der Blüte ist länger als der Fruchtknoten. Er ist ein wichtiges Unterscheidungsmerkmal; bei der nahe verwandten **Wohlriechenden Händelwurz** *(Gymnadenia odoratissima)* ist der Sporn kürzer als der Fruchtknoten (Grafik). Die Wohlriechende Händelwurz kommt auf Moorwiesen und in Nadelwäldern vor und ist im Bestand »gefährdet«. Beide Arten sind sowohl in der Ebene zu finden wie auch in Höhen bis zu 2300 m. Je nach Fundort blühen sie im Zeitraum Mai bis Juli.

Breitblättriges Knabenkraut

Dactylorhiza majalis

(Foto oben links)

Die Arten aus den Gattungen *Dactylorhiza* und *Orchis* sind sehr typische Orchideen. Das Breitblättrige Knabenkraut fällt mit seinen kräftigen Blättern bald auf. Sie sind etwa in der Mitte am breitesten und insgesamt ungefähr viermal so lang wie breit. Der hohle Stengel wird 15 bis 40 cm hoch und trägt die Blütenähre. Die Farbe der Blüten ist rot bis rotviolett. Dieses Knabenkraut blüht im Mai/Juni häufig auf nassen Wiesen und in Quellsümpfen, die bis 2000 m hoch liegen können. Es gilt nach der Roten Liste als »gefährdet«.

Helm-Knabenkraut

Orchis militaris

(Foto oben rechts)

Helm-Knabenkraut

Affen-Knabenkraut

Das Helm-Knabenkraut kommt auf Kalkmagerrasen vor und ist in den Kalkgebieten Mitteleuropas eine der häufigeren Orchideen. Die Pflanze wird bis zu 45 cm hoch. Die Blätter des äußeren Blütenkreises bilden den typischen Helm. Ansonsten fallen sofort die Lippen mit den beiden Seitenlappen und dem zweizipfeligen Ende auf.

Beim nahe verwandten **Affen-Knabenkraut** *(Orchis simia)* ähnelt die Lippe in der Form einem kleinen Affen. Bei dieser Art sind die Seitenlappen und das Ende der Lippe also viel feiner ausgebildet als beim Helm-Knabenkraut (Grafik). Das Affen-Knabenkraut ist in der Roten Liste als »stark gefährdet« eingestuft, das Helm-Knabenkraut als »gefährdet«.

Hummel-Ragwurz

Ophrys fuciflora

(Foto unten)

Bienen-Ragwurz

Die 4 in Deutschland vorkommenden Ragwurz-Arten gehören zweifellos zu den schönsten heimischen Orchideen. Der Bau der Ragwurzblüten mit den auffälligen Lippen ist sehr charakteristisch. Außerdem gibt es Fundorte, wo verschiedene Ragwurz-Arten nebeneinander stehen oder wo von einer Art Hunderte von Exemplaren auf engem Raum zu finden sind. Jetzt zeigt sich die ganze Pracht – und die Vielfalt: Keine Blüte gleicht der anderen. Bei der Hummel-Ragwurz können die äußeren Blütenblätter weiß oder rosa sein; sehr selten sind die Blätter auch grünlich gefärbt. Die Lippe ist etwa so lang wie breit. Die Pflanze wird 15 bis 30 cm hoch und ist, wenn sie nur einzeln steht, in der Wiesenvegetation nicht leicht zu entdecken. Diese Ragwurz-Art kommt vor allem auf Kalkmagerwiesen vor; aber auch in Halbtrockenrasen ist sie zu finden. Blühende Exemplare trifft man von April (im Süden) bis Juni (im Norden) an. Die Hummel-Ragwurz kommt bis in 900 m Höhe vor. Sie gilt – wie die **Bienen-Ragwurz** (*Ophrys apifera;* Grafik) – nach der Roten Liste als »stark gefährdet«.

Glatthafer
Arrhenaterum elatius

(Foto oben links)

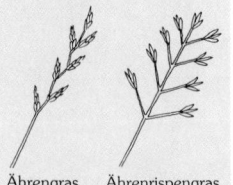

Ährengras   Ährenrispengras

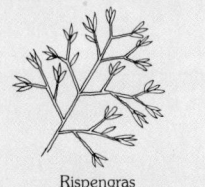

Rispengras

Wiesen-Fuchsschwanz
Alopecurus pratensis

(Foto oben rechts)

Wiesen-Knäuelgras
Dactylis glomerata

(Foto unten links)

Aufrechte Trespe
Bromus erectus

(Foto unten rechts)

Innerhalb der Einkeimblättrigen bilden die Süßgräser (Poaceae) eine große und wichtige Gruppe. Etwa 4500 Arten sind auf rund 300 Gattungen verteilt. Sie besiedeln die unterschiedlichsten Standorte in allen Florengebieten der Erde. Zu den Gräsern gehören auch die wichtigsten Kulturpflanzen, nämlich Roggen, Weizen, Mais, Hirse, Reis u.a. In Mitteleuropa kommen etwa 220 Arten von Gräsern vor. Um ihre Vielfalt besser zu übersehen, kann man die 3 Gruppen der Ährengräser, der Ährenrispengräser und der Rispengräser bilden (Grafik). Bei den Ährengräsern sitzen die einzelnen Ährchen an der Ährenachse, bei den Ährenrispengräsern an den verzweigten Rispenstielen, der Blütenstand hat aber Ährencharakter. Die Rispengräser dagegen haben einen lockeren Blütenstand, bei dem die Ährchen an verzweigten Rispenästen sitzen.

Was nun ein Ährchen ist, kann man sich am Glatthafer, einem auf Fettwiesen bestandsbildenden Rispengras, gut klarmachen. Ein Ährchen setzt sich aus 2 Blüten zusammen, die von den beiden sogenannten Hüllspelzen eingeschlossen sind. Zur einzelnen Blüte wiederum zählen die äußeren Deckspelze und die innere Vorspelze. Diese beiden Spelzen umschließen den Fruchtknoten mit den beiden federartigen Narben und die 3 Staubblätter. Am Rücken der Deckspelze sitzt die Granne.

Dieses Ährenrispengras kommt verbreitet in feuchten Wiesen, auf Lägerfluren und in Ufergesellschaften vor. Das Gras wird bis zu 1 m hoch und blüht von Mai bis Juli. Der Fuchsschwanz ist vom ähnlichen Wiesen-Lieschgras *(Phleum pratense)* dadurch zu unterscheiden, daß bei letzterem das Ährchen in der Form einem Stiefelknecht ähnelt.

Das Knäuelgras ist ein Rispengras, das aber dadurch auffällt, daß die Ährchen an den Rispenästen geknäuelt stehen. Es kommt verbreitet auf Fettwiesen und in Unkrautgesellschaften, an Wegrändern und ähnlichen Standorten vor. Es wird bis zu 1 m hoch und blüht im Mai/Juni.

Die Aufrechte Trespe ist ebenfalls ein Rispengras. Die Ährchen können bis zu 4 cm lang werden. Die Art ist ganz typisch für die Halbtrockenrasen. Das Gras wird bis zu 60 cm hoch und blüht von Mai bis Juli.

Schlehdorn, Schwarzdorn

Prunus spinosa

(Foto oben)

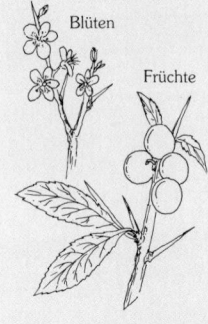

Blüten

Früchte

Hecken und Feldgehölze stellen in unserer verarmten Kulturlandschaft wichtige Refugien für Pflanzen und Tiere dar. Die mit Kulturpflanzen bebauten Flächen wurden zu Monokulturen, in denen ganz wenige Pflanzenarten oder gar nur eine einzige Art die Lebensgemeinschaft beherrschen. Solche extremen Lebensräume sind sehr instabil; sie können schnell aus dem Gleichgewicht geraten, wenn sich etwa ein Schädling rasch vermehrt. In Hecken, Gebüschgruppen und Feldgehölzen können nun Tiere Lebensraum finden, die auf den benachbarten Feldern den Schädlingen nachstellen. Dazu gehören Insekten und Vögel, aber auch Spitzmäuse, Igel und verschiedene andere Tiere. Früher hat man die Hecken im Zuge der sogenannten »Flurbereinigung« einfach abgeholzt oder niedergebrannt. Mittlerweile hat man deren ökologischen Wert erkannt.

Die Schlehen blühen schon sehr zeitig im Frühjahr – im März/April – und sind daher als eine der ersten Nahrungsquellen für die Bienen nach der langen Winterperiode wertvoll. Die weißen Blüten stehen meist einzeln über den ganzen Zweig verteilt (Grafik). Nach der Blüte entfalten sich die elliptischen, gesägten Blätter. Im Herbst findet man dann die schwarzblauen, bereiften Früchte, die kleinen Pflaumen ähnlich sehen (Grafik). Tatsächlich sind Schlehdorn und Pflaume nahe verwandte Rosengewächse (Rosaceae). Der Schlehdorn kommt von der Ebene bis in Höhen um 1000 m vor.

Eingriffeliger Weißdorn

Crataegus monogyna

(Fotos unten)

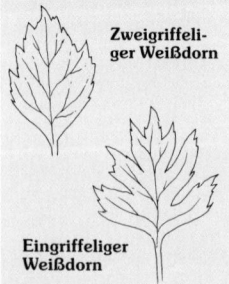

Zweigriffeliger Weißdorn

Eingriffeliger Weißdorn

In Hecken und Waldrandgebüschen findet man – manchmal zusammen mit der Schlehe – den Weißdorn. Der Eingriffelige Weißdorn wird 1 bis 5 m hoch. Die Blätter haben eine etwa dreieckige Grundform. Sie sind aber tief fiederspaltig geteilt (Grafik). Dies ist ein wichtiges Merkmal im Vergleich zum nahe verwandten **Zweigriffeligen Weißdorn** *(Crataegus oxyacantha)*. Diese Art hat abgerundete und nur schwach gelappte Blätter (Grafik). Das weitere Unterscheidungsmerkmal sind die Blüten, die entweder – wie die Namen der beiden Weißdorn-Arten nahelegen – nur einen oder aber 2 Griffel haben können. Schaut man sich also die Blüten genau an, fällt die Artdiagnose nicht schwer. Die Blüten stehen in Doldenrispen zusammen (Foto unten links). Beide Weißdornarten blühen im Mai/Juni. Die roten Früchte sind im Herbst ebenfalls sehr auffällig (Foto unten rechts). Man trifft den Weißdorn von der Ebene bis in Lagen von 900 bis 1000 m an.

68

Gewöhnlicher Schneeball

Viburnum opulus

(Fotos oben)

In den Hecken und Feldgehölzen trifft man häufig auch den Gewöhnlichen Schneeball an. Der Strauch wird 1 bis 3 m hoch. Erkennen kann man ihn einerseits an den dreilappigen Blättern; manchmal kommen auch fünflappige Blätter vor. Andererseits sind die Blütenstände sehr auffällig (Foto oben links). Die Blüten sind nämlich zu Trugdolden vereinigt. Um ein Zentrum von kleinen, unscheinbaren Blüten stehen zu einem Kranz angeordnet größere, schneeweiße Blüten (Name!). Letztere sind steril und haben die Funktion, den Blütenstand insgesamt auffälliger zu gestalten und Insekten zur Bestäubung anzulocken. Man spricht hier von Schaublüten.

Im Herbst hängen die Schneeballgebüsche voll roter Früchte (Foto oben rechts). Diese werden nur selten von Vögeln gefressen. Im Magen und Darm der Vögel wird nur das Fruchtfleisch verdaut; die Samen werden unverdaut wieder ausgeschieden, oft an von der Mutterpflanze weit entfernten Stellen. Dies ist eine weitere Möglichkeit, wie eine Pflanze ihr Verbreitungsareal ausweiten kann.

Neben dem Gewöhnlichen Schneeball wird man stellenweise auch den **Wolligen Schnellball** *(Viburnum lantana)* antreffen (Grafik). Dieser Strauch wird 1 bis 2,50 m hoch. Seine Blätter zeigen eine eiförmige Gestalt. Sie sind unterseits filzig behaart, auf der Oberseite fällt die netzartige Runzelung auf. Die Blüten sind hier alle gleich groß, Schaublüten fehlen. Die Früchte sind anfangs rötlich gefärbt, später glänzend schwarz. Beide Schneeball-Arten blühen im Mai/Juni.

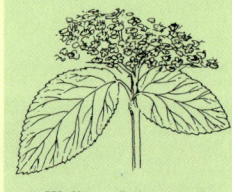

Wolliger Schneeball

Brombeere

Rubus fruticosus

(Foto unten)

Die Brombeere kommt in vielen Formen an ganz verschiedenen Stellen vor. Man findet sie sowohl in Hekken als auch an Waldrändern, aber auch auf Ödlandflächen – und natürlich als Kulturpflanze im Garten. Die Brombeere klettert häufig an anderen Pflanzen oder festen Unterlagen empor. Immer aber bilden sich verwucherte, bis zu 2 m hohe Gebüsche. An den mit Stacheln besetzten, verholzten Trieben sitzen die drei- bis siebenzählig gefiederten Blätter; sie sind deutlich gestielt (Grafik). Die weißrosa Blüten (Grafik) stehen zu einem lockeren Blütenstand zusammengefaßt. Auffällig – und wohlschmeckend – sind die glänzenden, schwarzblauen Sammelfrüchte, die zusammen mit den kegelförmigen Blütenböden abfallen. Die Brombeere blüht von Mai bis August und kommt bis in Höhenlagen um 1700 m vor.

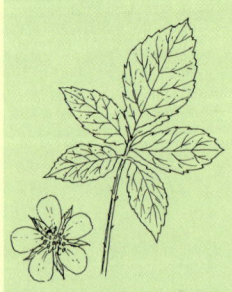

Hainschnirkel-schnecke
Cepaea nemoralis

Hainschnirkelschnecke

Gartenschnirkelschnecke

Wolfsspinne
Pardosa-Art

(Foto unten links)

Garten-kreuzspinne
Araneus diadematus

(Foto unten rechts)

Die Hainschnirkelschnecke ist über weite Teile Europas verbreitet und kommt hier auf Kulturland, in Hecken und Feldgehölzen vor. Das Schneckenhaus hat einen Durchmesser von bis zu 2,5 cm. Es kann in der Färbung zwischen gelblichen und rötlichen Grundtönen schwanken. Meist zeigen die Gehäuse 1 bis 5 schwarze oder braune Bänder, aber es gibt auch ungebänderte Formen. Der Mundsaum ist außen und innen schwarzbraun gefärbt. Bei der nahe verwandten **Garten-schnirkelschnecke** *(Cepaea hortensis)* ist der Mundsaum dagegen weißlich (Grafik). Beim Kriechen gleitet die Schnecke auf dem langgestreckten Fuß dahin. Die oberen langen Fühler am Kopf tragen die Augen, die kurzen unteren tragen Geruchsorgane. Oberhalb des Fußes liegt am Gehäuserand das Atemloch, das zur Atemhöhle führt. Die Schnirkelschnecken sind Landlungenschnecken.

Wolfsspinnen (Lycosidae) bauen keine Netze, sie gehen vielmehr »zu Fuß« auf Jagd. Typisch ist ihre Augenstellung; von vorne betrachtet stehen sie in Form eines Trapezes. In dieser Spinnenfamilie finden wir eine ausgeprägte Brutpflege: Die Weibchen tragen ihre Eier in einem Kokon an die Spinnwarzen am Hinterteil angeheftet. Die Jungen klettern nach dem Schlüpfen auf den Rücken des Weibchens (s. Foto). Dort bleiben sie bis zur ersten Häutung.

Diese wohl bekannteste Spinne ist über ganz Europa verbreitet und kommt in den verschiedensten Lebensräumen häufig vor. Kreuzspinnen bauen kreisförmige Netze von etwa 30 cm Durchmesser. Zunächst entsteht der Rahmen, der an Pflanzen aufgehängt wird. Dann werden die Speichen eingezogen und anschließend die Spirale aus klebrigen Fangfäden. Die Spinne sitzt meist im Zentrum des Netzes oder in einem Versteck in der Nähe. Bei Erschütterung des Netzes durch ein gefangenes Beutetier kommt sie sofort an die entsprechende Stelle und lähmt die Beute durch einen Biß. Interessant ist das Paarungsverhalten: Durch bestimmte Vibrationen im Netz versucht das sich dem Weibchen nähernde Männchen der Partnerin seine Absichten zu vermitteln. Nach erfolgter Paarung verschwindet das Männchen auf dem schnellsten Weg. Es könnte sonst vom Weibchen gefressen werden. Im Herbst legt dieses einige hundert Eier ab, aus denen im kommenden Frühjahr die jungen Spinnen schlüpfen.

Feldgrille
Gryllus campestris

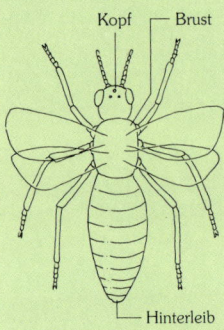

Kopf — Brust

— Hinterleib

Grundbauplan eines Insekts

Die Feldgrille ist ein typisches Insekt der Wiesen, Feld-
raine und Wegränder. Allgemein kann man die Insekten an ihrem typischen Körperbau leicht erkennen. Sie
gehören zum Stamm der Gliederfüßer. Ihr Körper ist
gegliedert oder segmentiert, wie die Biologen sagen.
Die einzelnen Segmente sind zu unterschiedlichen
Gruppen zusammengefaßt. Daraus ergibt sich die typische Gliederung in Kopf, Brust und Hinterleib (Grafik).
Der Kopf der Insekten trägt die Mundwerkzeuge und
die meisten Sinnesorgane, so die Fühler und die auffälligen, aus vielen Einzelaugen zusammengesetzten Fa-
cettenaugen. Die Brust besteht immer aus 3 Segmenten, an denen jeweils ein Beinpaar ansetzt. Insekten
haben also immer 6 Beine. An den beiden hinteren
Segmenten sitzen die beiden Flügelpaare. Der Hinterleib trägt grundsätzlich weder Flügel noch Beine.
Bei der Feldgrille ist zunächst der dicke Kopf mit den
langen Fühlern auffällig. Die Hinterbeine sind sehr kräftig ausgebildet. Die Flügel überdecken den Hinterleib
(Abdomen). Meist wird man auf die Grillen erst durch
ihren »Gesang« aufmerksam. Versucht man sich dem
Tier zu nähern, wird man vor einem Loch im Boden
stehen. In den daumendicken Gang hat sich die Grille
zurückgezogen. Nach einer Weile geduldigen Wartens
wird sie wieder hervorkommen und nach kurzer Zeit erneut mit dem Zirpen beginnen. Dabei kann man beobachten, daß die Grille ihre Vorderflügel gegeneinander
reibt und auf diese Weise »Musik« macht, um ein Weibchen anzulocken. Die Weibchen erkennt man an ihrem
langen Legestachel am Hinterleibsende.

Maulwurfsgrille
Gryllotalpa gryllotalpa

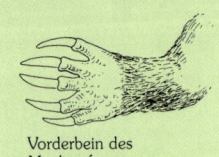

Vorderbein des
Maulwurfs

Vorderbein der
Maulwurfsgrille

Mit 4 bis 5 cm Länge wird die Maulwurfsgrille etwa
doppelt so lang wie die kleinere Feldgrille. Auffällig
sind bei dieser Heuschrecke die kleinen Flügel und –
bei genauem Hinsehen – die Vorderbeine, die zu Grabschaufeln umgebildet sind. Dieses Beinpaar erinnert
sehr an die Vorderbeine eines Maulwurfs (Grafik), und
man wird wohl spontan zu dem Schluß kommen, daß
dieses Insekt ähnlich leben muß wie das Säugetier. Tatsächlich lebt die Maulwurfsgrille in dicht unter der Erdoberfläche verlaufenden, selbstgegrabenen Röhren. In
ihren Gängen sucht sie nach Beute: Regenwürmer, Insekten und andere Kleintiere. Manchmal schädigt sie
auch die Pflanzendecke, wenn sie Wurzeln anfrißt. Zur
Paarungszeit im Mai/Juni kommen die Maulwurfsgril-
len häufiger an die Erdoberfläche als zu anderen Jahreszeiten.

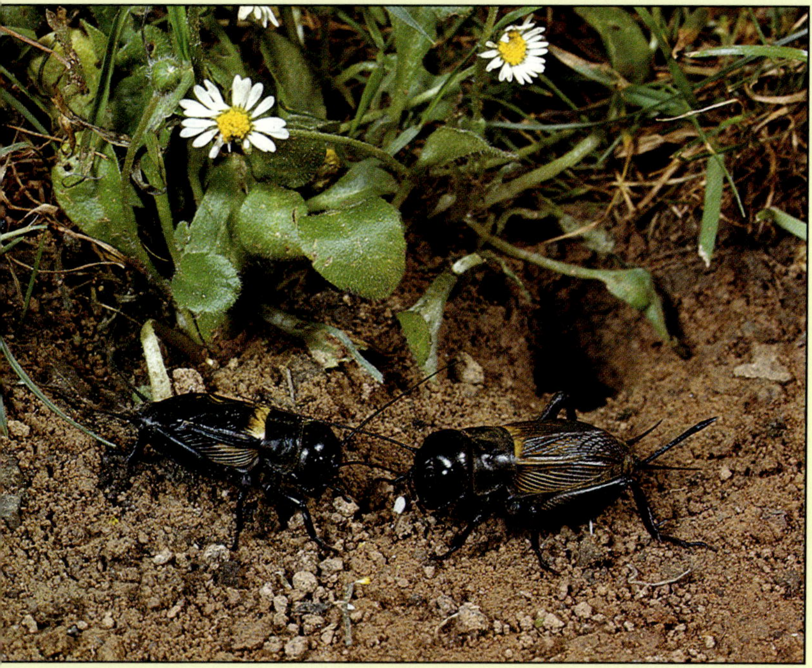

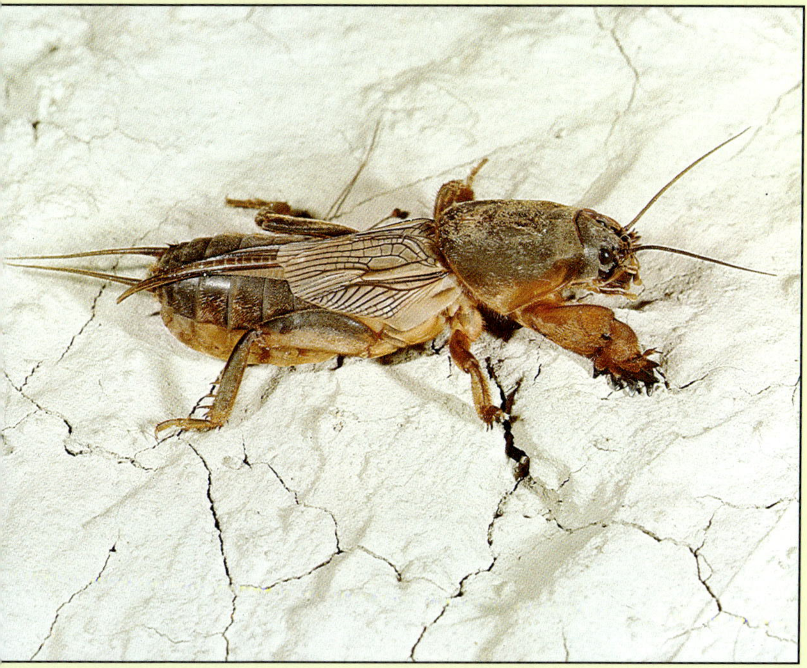

Feld-
heuschrecke
Chorthippus parallelus

Die von den Systematikern in der Ordnung Saltatoria zusammengefaßten Insekten besitzen als wichtigstes Kennzeichen gegenüber dem angesprochenen Grundbauplan zu kräftigen Sprungbeinen umgewandelte Hinterbeine. Und die meisten Arten der Heuschrecken und Grillen können Töne erzeugen.
Die Feldheuschrecken bilden nun eine eigene Familie, die der Acrididae. Hierher gehören die typischen Heuschrecken mit den kurzen Fühlern. Sie leben am Boden und sind hauptsächlich am Tag aktiv. Wichtig ist auch bei ihnen die Lauterzeugung, die hier aber auf andere Weise erfolgt als bei den Grillen. Feldheuschrecken reiben nämlich nicht die Vorderflügel gegeneinander, sondern sie ziehen die Kanten der Vorderflügel über eine Reihe feiner Zähne an den Hinterbeinen.
Chorthippus ist eine der häufigsten mittelgroßen Feldheuschrecken auf Wiesen, Weiden, Äckern und Ödland. Die Körperlänge des Weibchens beträgt bis zu 3 cm, die des Männchens nur bis zu 2 cm.

Grünes
Heupferd
Tettigonia viridissima

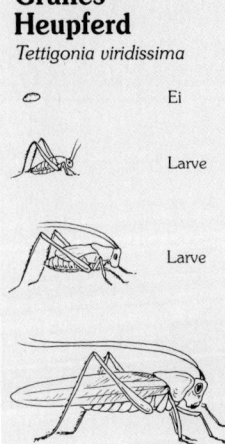

Ei

Larve

Larve

Imago

Das Heupferd gehört nun wiederum einer eigenen Familie innerhalb der Ordnung der Heuschrecken an, nämlich der der Laubheuschrecken (Tettigoniidae). Die Vertreter dieser Familie unterscheiden sich von den Feldheuschrecken durch die langen Fühler. Sie erzeugen die Töne durch Reiben der Flügel.
Dem grünen Heupferd wird man weniger auf den Wiesen selbst begegnen als vielmehr in Hecken und Büschen und in höherer Vegetation. Das Tier ist so auffällig gebaut, daß eine Verwechslung kaum möglich ist. Das Foto zeigt ein Weibchen bei der Eiablage; sehr gut ist der Legesäbel zu sehen, mit dem das Tier seine Eier in die lockere Erde ablegt. Hier ist nun etwas zur Fortpflanzung der Insekten zu sagen. Normalerweise entwickeln sich die Eier weiter zu Larven, die sich während ihres Wachstums von Zeit zu Zeit häuten. Schließlich verpuppen sich die Larven, und nach einiger Zeit schlüpfen aus den Puppen die fertigen Insekten, die sogenannten Imagines (Einzahl: Imago). Die Grillen und Heuschrecken machen das nun anders: Bei ihnen wachsen die Larven ohne ein dazwischengeschaltetes Puppenstadium zur Endgröße heran (Grafik). Kein Wunder also, wenn man bei Exkursionen durch Wiesen und Felder immer wieder auf »kleine Heuschrecken« stößt.

76

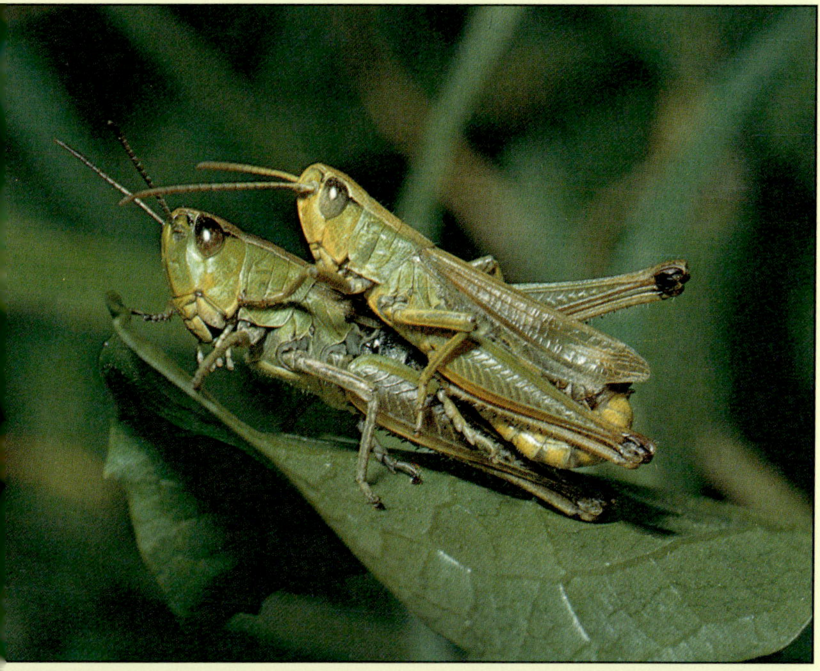

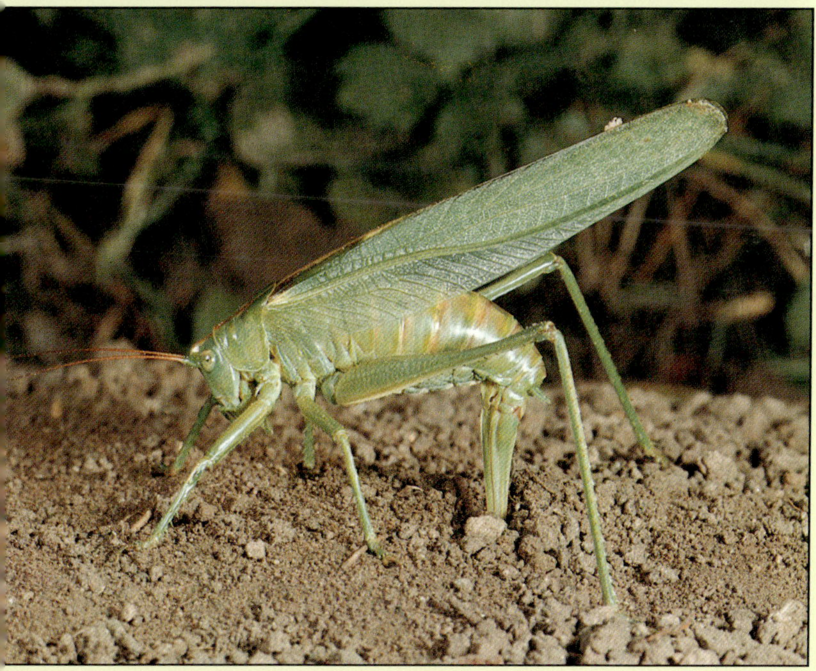

Beerenwanze
Dolycoris baccarum

(Foto oben links)

Wanzen gehören in die Ordnung der Schnabelkerfe (Rhynchota). Man kann sie generell an dem abgeplatteten Körper erkennen. Die Vorderflügel sind am Grund stark chitinisiert und nur an der Spitze häutig. Zwischen den Vorderflügeln liegt bei vielen Landwanzen ein dreieckiges Schildchen. Wanzen besitzen einen Saugrüssel, mit dem sie Pflanzenstengel und Früchte anstechen, um deren Saft herauszusaugen. Eine typische Landwanze ist die Beerenwanze, der man auf Beerensträuchern in Feldgehölzen und Hecken begegnen kann. Ihren Namen bekam diese Wanze wohl nicht, weil sie Beeren aussaugt, sondern eher, weil sie auf den Beeren den penetranten Wanzengeruch hinterläßt.

Schaumzikade
Philaenus spumarius

(Foto oben rechts)

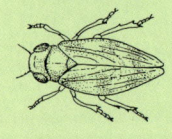

Von etwa Mitte Mai an entdeckt man an den verschiedensten Wiesenblumen und Gräsern immer wieder einmal Schaumgebilde (vgl. Grafik S.36), die im Volksmund auch Kuckucksspeichel genannt werden. Es handelt sich dabei um die Behausungen von Larven der Schaumzikade. Die Larve schützt sich mit ihrem selbstgemachten Schaumnest vor Austrocknung und Feinden. Zikaden sind nahe verwandt mit den Wanzen, ihre Flügel sind dachförmig über den Rücken gelegt (Grafik).

Schnake
Tipula-Art

(Foto unten links)

Schnaken gehören zusammen mit den Mücken und Fliegen zur Ordnung der Zweiflügler (Diptera). Bei ihnen sind die Hinterflügel zu den Schwingkölbchen umgebildet. Auffällig sind bei den Schnaken die überlangen Beine, der schlanke Leib und die reich geäderten Flügel. Die Weibchen legen nach der Paarung einige hundert Eier in den Boden, wo sich die bis zu 4 cm langen Larven entwickeln. Vielfach nehmen die Imagines keine Nahrung mehr zu sich. Sie sind also keine Blutsauger!

Feldwespe
Polistes gallicus

(Foto unten rechts)

Zur Ordnung der Hautflügler (Hymenoptera) gehören neben den Bienen, Hummeln und Ameisen auch die Wespen. Alle diese Insekten besitzen 4 häutige Flügel. Die Feldwespe wird etwa 1,7 cm lang. Auffällig ist die typische schwarz-gelbe Wespenzeichnung und die »Wespentaille«. Das Nest findet man an Wiesenpflanzen, aber auch an anderen Stellen. Während die Larven mit gefangenen und zerkauten Insekten gefüttert werden, ernähren sich die Imagines von Blütensäften und Obst.

Honigbiene
Apis mellifica

Arbeiterin

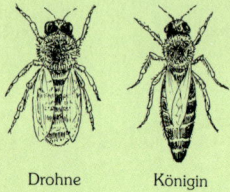

Drohne   Königin

Wie die Feldwespe, lebt auch die Honigbiene in Gemeinschaft mit Artgenossen; sie ist also ebenfalls ein staatenbildender Hautflügler. Den überwiegenden Teil eines Bienenvolkes machen die Arbeiterinnen aus. Sie verrichten alle wesentlichen Tätigkeiten, die im Bienenstock anfallen. Sie kümmern sich um die Aufzucht der Maden, sie halten den Stock sauber, sie sorgen für das richtige Klima im Stock und sie sammeln Nahrung (s. Foto). Die Information, wo eine günstige Futterquelle liegt, wird über Tänze (Rundtanz oder Schwänzeltanz) an die anderen Arbeiterinnen im Stock weitergegeben. Dabei werden Ergiebigkeit, Richtung und Entfernung der Futterquelle mitgeteilt, so daß die anderen Sammelbienen des Volkes mit genauen Angaben losfliegen können. Zu einem kompletten Bienenvolk gehören weiter die Drohnen, die männlichen Bienen (Grafik). Sie haben lediglich die Funktion, die Königin auf ihrem Hochzeitsflug zu begatten. Mittelpunkt des Volkes ist die Königin. Sie ist deutlich größer als Drohnen und Arbeiterinnen (Grafik) und hat nur die Aufgabe, für Nachwuchs zu sorgen. Entsprechend aufwendig wird sie von den Arbeiterinnen gepflegt.
Die Honigbiene ist übrigens eines der ganz wenigen Insekten, die der Mensch zum Haustier gemacht hat. Die Gewinnung von Honig hat eine lange Tradition in der Geschichte der Menschheit. Und die Bienen sind wichtig für die Bestäubung der Blüten. Auch aus diesem Grunde spielen die Tiere eine große Rolle.

Erdhummel
Bombus terrestris

Eifrige Blütenbesucher sind auch die Hummeln; wie die Bienen sammeln sie Pollen und bestäuben dabei die Blüten. Die meisten Menschen wissen über diese nahen Verwandten der Bienen trotzdem nur wenig. Auffällig ist zunächst das dichte Haarkleid. Bei der Erdhummel ist die Grundfarbe schwarz, dazu kommen zwei gelbe Binden auf Brust und Hinterleib und das grauweiße Hinterleibsende. Auch diese Hautflügler leben in Staaten, wobei ein Erdhummelvolk nur aus 100 bis 600 Individuen besteht. Das Nest wird meist in verlassenen Nestern von Kleinsäugern angelegt. Man erkennt einen Nistplatz beispielsweise daran, daß eine mit Pollen beladene Hummel in einem Mauseloch verschwindet. Standorte für diese Nester werden von der Königin im Frühjahr ausgesucht und bezogen. Im Herbst stirbt das Volk ab, und nur die begattete Königin überwintert.

80

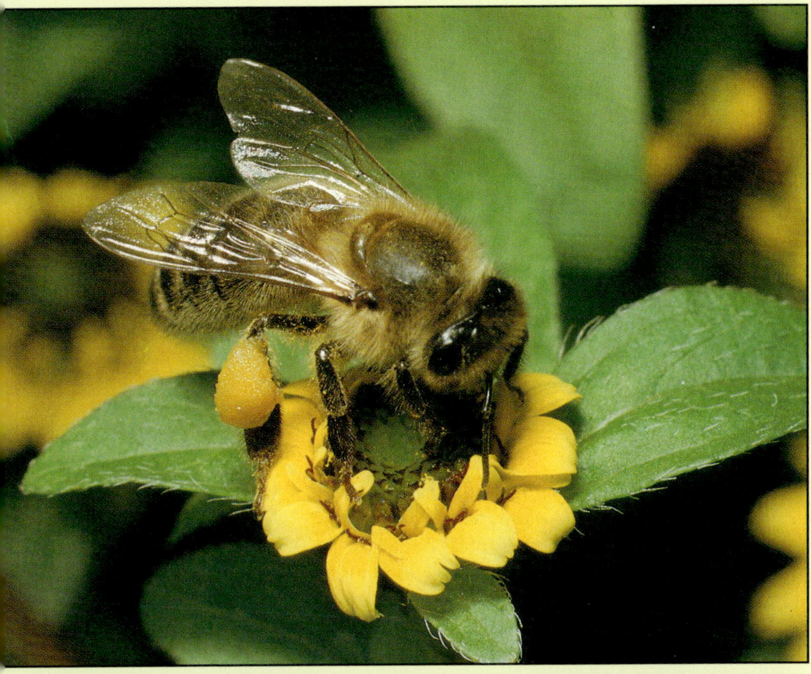

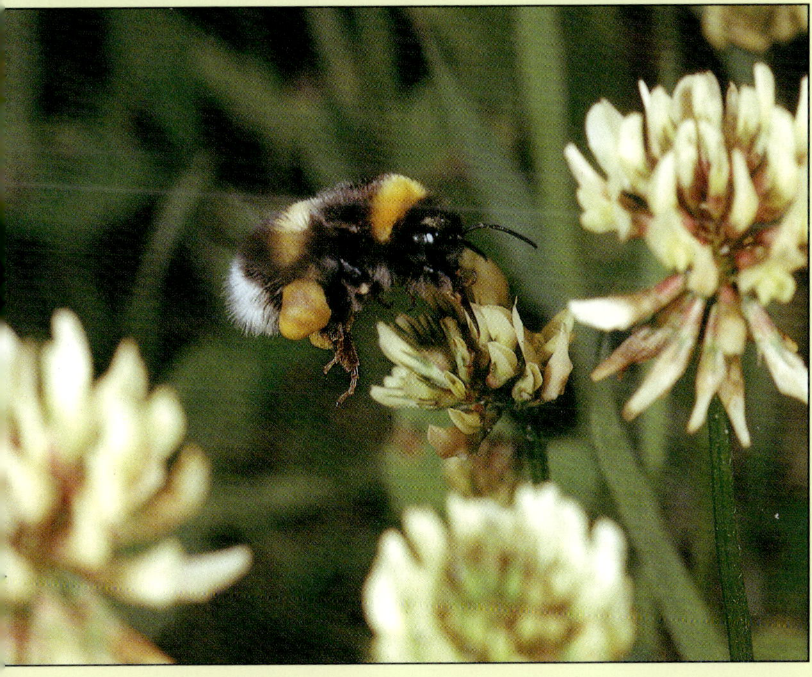

Feld-Sandlaufkäfer

Cicindela campestris

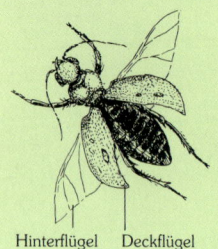

Hinterflügel   Deckflügel

Man schätzt, daß auf der Erde etwa 825 000 verschiedene Insektenarten vorkommen. Mit 30 000 Arten ist allein in Mitteleuropa zu rechnen. Die Käfer stellen innerhalb dieser Insektenvielfalt einen erstaunlichen Anteil; etwa 350 000 Insektenarten sind Käfer! In Mitteleuropa hat man mit etwa 8000 Arten zu rechnen, und es wird klar, daß hier nur einige auffällige Arten gezeigt werden können. Bei weiterer Vertiefung wird man aber einzelne Familien gegeneinander abgrenzen und im Feld erkennen können. Die Gruppe der Käfer kann man innerhalb der Insekten allgemein daran erkennen, daß sie hart gepanzert sind und harte, chitinisierte Vorderflügel tragen. Diese Deckflügel bedecken die häutigen Hinterflügel, mit denen die Käfer fliegen (Grafik). Die Vorderflügel werden also für den Antrieb nicht benutzt.

Sandlaufkäfer bilden innerhalb der Käfer eine eigene Familie, die der Cicindelidae. Dem Feld-Sandlaufkäfer begegnet man an wenig bewachsenen, trockenen und besonnten Stellen. Hier jagen die Käfer ihre Beute am Boden. Als räuberische Insekten haben sie kräftige Mundwerkzeuge ausgebildet. Die sichelförmigen Oberkiefer packen wie eine Beißzange andere Insekten. Die Käfer werden bis zu 1,5 cm lang. Man wird am ehesten auf sie aufmerksam, wenn man an einem sonnigen Tag die agilen Tiere vor sich auffliegen sieht. Die Käfer fühlen sich bedroht und versuchen, sich fliegend in Sicherheit zu bringen. Da sie auch »zu Fuß« sehr flink sind, wird man sie nur selten in Ruhe betrachten können.

Gold-Laufkäfer

Carabus auronitens

Die Laufkäfer bilden wiederum eine eigene Käferfamilie, die der Carabidae. Neben dunklen Arten mit längsgefurchten oder gerunzelten Flügeldecken gibt es auch verschiedene Arten, die lebhaft metallisch glänzen und grünlich oder golden gefärbt sind. Ein bekannter Käfer aus dieser Gruppe ist der **Goldschmied** *(Carabus auratus)*, der 2 bis 2,7 cm lang wird. Im Frühling und Sommer kann man den Käfer auch tagsüber häufig auf Wiesen und Feldern bei der Beutejagd am Boden beobachten. Der nah verwandte Gold-Laufkäfer ist ähnlich groß, weist ebenso wie der Goldschmied Längsrippen auf den Vorderflügeln auf, ist aber etwas flacher gebaut. Diesem Laufkäfer wird man eher in Feldgehölzen begegnen, wobei Hügellagen bevorzugt werden. Es gibt eine Reihe weiterer Laufkäfer, die einem die genaue Bestimmung nicht leicht machen. Sie unterscheiden sich auch in ihrer Lebensweise nur unwesentlich.

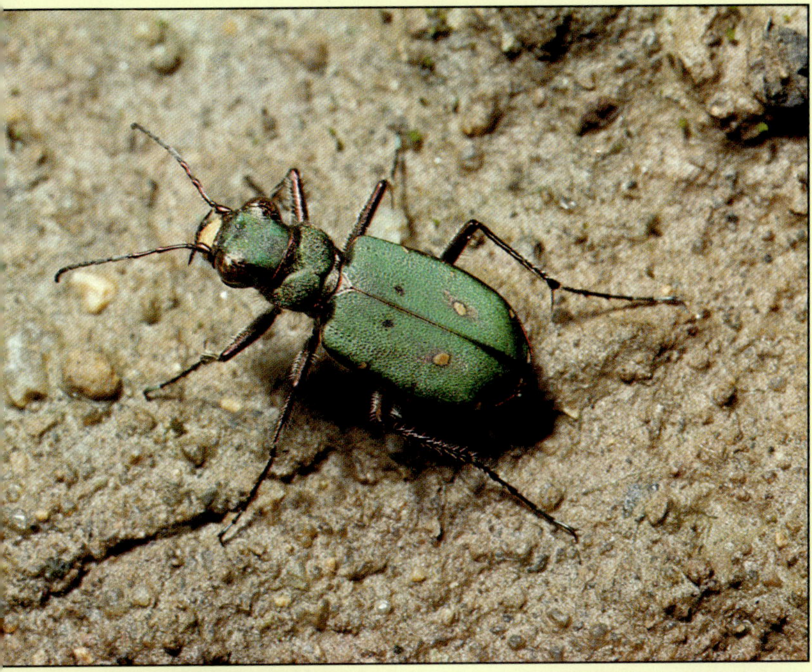

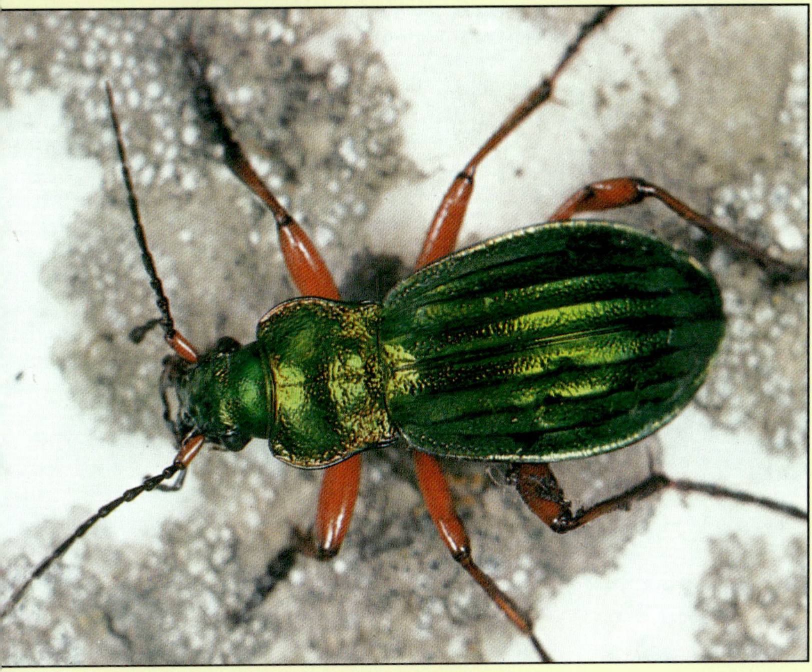

Gefleckter Schmalbock

Strangalia maculata

(Foto oben links)

Etwa 30 000 Arten von Bockkäfern gibt es auf der Erde. Allgemein kann man die Angehörigen der umfangreichen Familie (Cerambycidae) daran erkennen, daß sie langgestreckt und schmal gebaut sind und Fühler tragen, die oft länger sind als der Käfer selbst. Leider sind viele Bockkäfer bei uns selten geworden. Zunächst wurden die Lebensräume dramatisch verändert, und als die Käfer erst selten geworden waren, stellten ihnen die »Liebhaber« eifrig nach.

Der Gefleckte Schmalbock ist einer der häufigsten Bockkäfer bei uns. Er wird 1,5 bis 2 cm lang. Der Hinterleib wird zum Körperende hin schmaler. Auffällig ist die gelb-schwarze Färbung der Vorderflügel. Diese Zeichnung ist aber sehr variabel; es gibt ebenso einfarbig helle wie einfarbig dunkle Exemplare. Die Artbestimmung ist also nicht ganz einfach! Man findet die Käfer – zusammen mit anderen »Blütenböcken« – von Mai bis August auf Blüten, vor allem von Korbblütlern. Sie ernähren sich dort von Pollen und Teilen der Blüten. Die Larven leben in morschem Holz.

Blattkäfer

Chrysomela-Art

(Foto oben rechts)

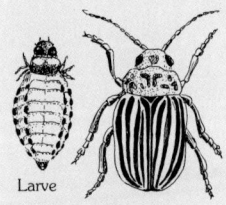

Larve

Kartoffelkäfer

Eine recht leicht erkennbare Familie sind die Blattkäfer (Chrysomelidae), insgesamt kleine, rundliche Käfer mit meist leuchtend grünen oder blauen, metallisch glänzenden Flügeldecken. Viele Blattkäfer sind auf bestimmte Pflanzen spezialisiert, deren Teile sie fressen. Ihre Futterpflanzen stellen daher eine brauchbare Bestimmungshilfe dar. Allerdings ist das Spektrum nicht so eng, daß nur eine bestimmte Pflanzenart als Futter für Käfer und Larve in Frage kommt. Lästig werden Blattkäfer dann, wenn sie auf Nutzpflanzen spezialisiert sind. Dann können sie – wie der berüchtigte **Kartoffelkäfer** (*Leptinotarsa decemlineata;* Grafik) – großen Schaden anrichten.

Liebstöckel-Rüßler

Otiorrhynchus ligustici

(Foto unten)

Die Familie der Rüsselkäfer (Curculionidae) gehört zu den artenreichsten innerhalb der mitteleuropäischen Käferfauna. Alle Arten sind an ihrem rüsselartig verlängerten Kopf leicht zu erkennen. Der Rüssel kann in der Form variieren; einige Arten haben einen kurzen, breiten Rüssel, andere einen sehr langen und dünnen Rüssel. Rüsselkäfer kommen in den verschiedensten Lebensräumen vor. Daher können wir Vertretern dieser Käferfamilie auch auf Wiesen und Äckern begegnen. Einige Arten sind arge Schädlinge. Unsere heimischen Rüsselkäfer werden bis 2 cm lang.

Schwalben-schwanz
Papilio machaon

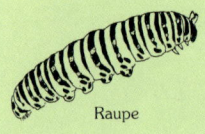
Raupe

Segelfalter

Großer Kohlweißling
Pieris brassicae

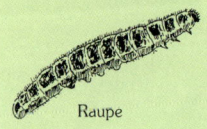
Raupe

Der Schwalbenschwanz ist mit Ausnahme fast ganz Großbritanniens über ganz Europa verbreitet, und er kommt auch in Nordafrika vor. Sein Lebensraum ist das offene Gelände von der Küste bis in etwa 2000 m Höhe. Die Falter halten sich mit Vorliebe auf Hügel-kuppen, Bergspitzen und ähnlich exponierten Stellen auf. Die Eier werden vom Weibchen an Doldenblütlern abgelegt. Bevorzugte Futterpflanzen der sich entwik-kelnden Raupen (Grafik) sind Engelwurz (*Angelica* spec.) und Silge (*Peucedanum* spec.). Wenn die Falter sehr häufig vorkommen, tauchen sie auch in Gärten auf und legen ihre Eier an Möhren, Dill und Kümmel ab.

Im Norden Europas kann sich nur eine Generation im Jahr entwickeln; man sieht die Falter hier von Juni bis August fliegen. In Mittel- und Südeuropa sowie in Nordafrika sind auf Grund der besseren klimatischen Bedingungen 2 bis 3 Generationen möglich. Die Flug-zeiten der einzelnen Generationen sind April/Mai, Juli/August und September/Oktober. Der Schwalben-schwanz gilt nach der Roten Liste als »gefährdet«.

Nah verwandt mit dem Schwalbenschwanz, aber selte-ner und nach der Roten Liste »stark gefährdet« ist der noch größere, eher weißlich-gelb gefärbte **Segelfalter** (*Iphiclides podalirius;* Grafik). Er kommt ebenfalls auf sonnigen, trockenen Hängen vor. Man kann ihn in der Zeit von Mai bis Anfang Juli beobachten. Die Raupen des Segelfalters findet man besonders an Schlehenbü-schen, aber auch an Traubenkirsche und Weißdorn.

Nicht nur unter den Nachtfaltern gibt es zahlreiche Ar-ten, die großen Schaden verursachen (z.B. Nonne und Kiefernspanner), sondern auch unter den Tagfaltern. Kein Landwirt wäre begeistert, wenn sich auf seinen Feldern große Mengen von Kohlweißlingen zeigten. Hier wird er eingreifen müssen, um eine Massenentfal-tung und entsprechenden Kahlfraß an seinen Pflanzen zu verhindern.

Der Große Kohlweißling ist von Nordafrika über Euro-pa bis weit nach Asien hinein verbreitet. Ausgespart sind der hohe Norden des Gebietes und Ostasien. Die Falter fliegen von Mai bis Oktober in 2 bis 3 Generatio-nen. Sie bevorzugen offenes Gelände, besonders Gär-ten und Felder; letzteres deshalb, weil die Raupen (Gra-fik) an verschiedenen Kreuzblütlern leben, zu denen eben auch die angebauten Kohlsorten zählen.

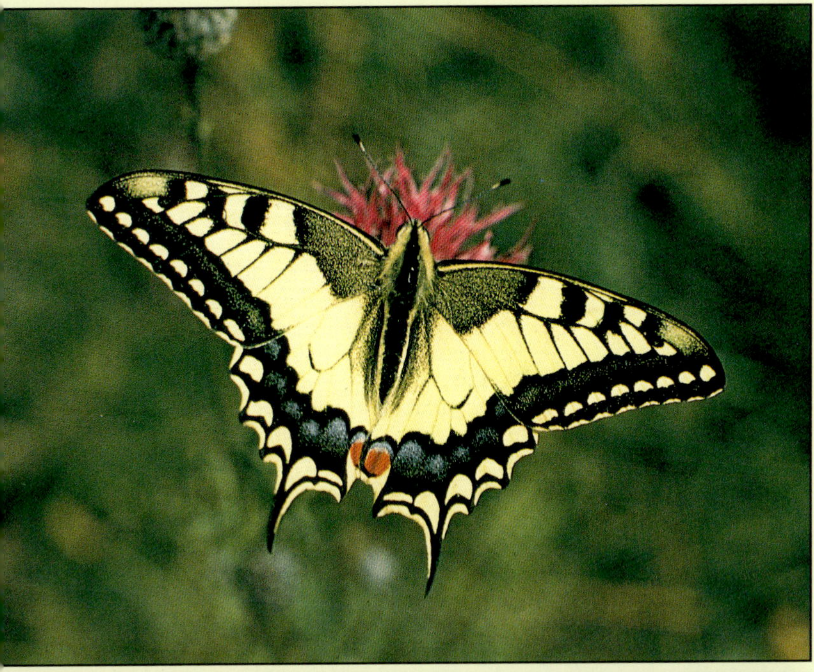

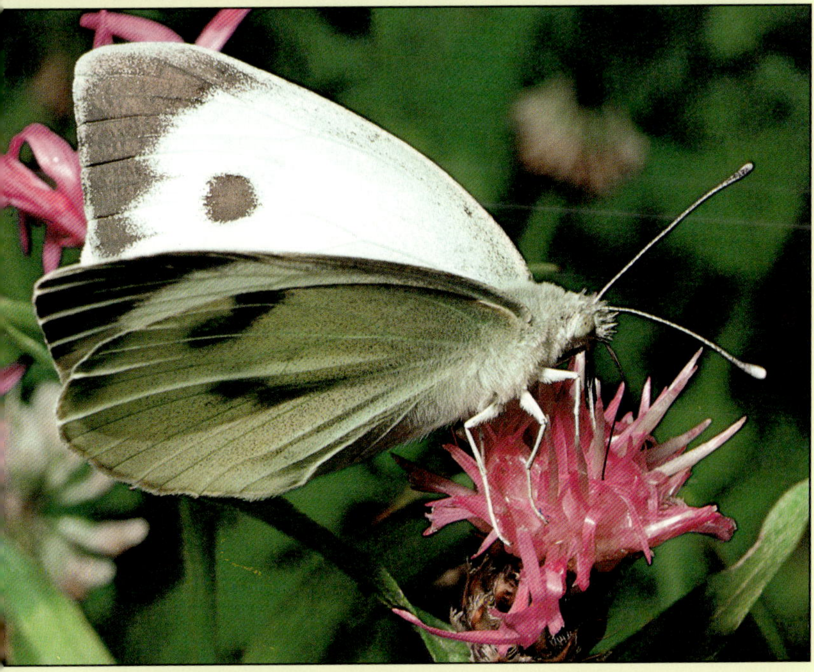

Kleiner Fuchs
Aglais urticae

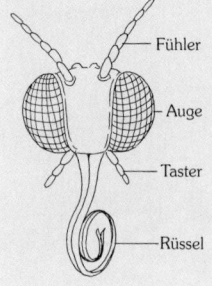

Fühler

Auge

Taster

Rüssel

Schmetterlinge sind im dicht besiedelten Europa heute recht selten geworden, wo viele Lebensräume dieser schönen Insekten ruiniert wurden. Pflanzenschutzmittel haben die Futterpflanzen im Bestand dezimiert und auch die Falter selbst vernichtet.

Schmetterlinge bilden innerhalb der Insekten eine eigene Ordnung, die der Lepidoptera. Wichtigste Kennzeichen sind die mit winzigen, flachen Schuppen bedeckten Flügel und der einrollbare Saugrüssel (Grafik).

Der Kleine Fuchs ist ein noch recht häufiger Tagfalter. Er ist über ganz Europa verbreitet und besiedelt hier offenes Gelände von der Ebene bis ins Hochgebirge. Der Falter fliegt als einer der ersten schon zeitig im Frühjahr. Die Raupen leben an Brennesseln. Sie sind schwarz gefärbt und tragen verästelte Dornen; auffällig sind die gelben Längsstreifen.

Ähnlich gefärbt wie der Kleine Fuchs ist der **Große Fuchs** *(Nymphalis polychloros),* der ebenfalls über den größten Teil Europas verbreitet, aber in den letzten Jahren auffallend selten geworden ist. Er bevorzugt baum- und buschbestandenes Gelände bis in etwa 1500 m Höhe. Die Raupen entwickeln sich auf Weiden, Ulmen und anderen Laubbäumen.

Admiral
Vanessa atalanta

Raupe

Der Admiral ist über fast ganz Europa verbreitet. Ausgespart sind Mittel- und Nordskandinavien. Der Tagfalter kommt aber auch auf den Azoren, den Kanarischen Inseln, in Nordafrika und Nordamerika vor. Die charakteristische Färbung ist unverwechselbar. Das Weibchen unterscheidet sich vom Männchen durch einen fast immer vorhandenen weißen Fleck in der roten Vorderflügelbinde. Admirale fliegen von Mai bis Oktober. In Mittel- und Nordeuropa können die Falter aus klimatischen Gründen nicht überwintern. Es fliegen Falter der ersten Generation aus dem Süden ein, die dann die viel häufigere zweite Generation erzeugen. Schmetterlinge der zweiten Generation ziehen z.T. im Herbst nach Süden, z.T. sterben sie ab. Nur an klimatisch besonders begünstigten Orten können sie überdauern. In Südeuropa stellt der Winter die Falter vor keine großen Probleme. Die Tiere können mühelos überdauern, und die Falter der ersten Generation sind Überwinterer aus der zweiten vorjährigen Generation.

Die Admirale leben in freiem Gelände vom Tiefland bis in Lagen um 2000 m Höhe. Die Raupe (Grafik) lebt – wie die des Kleinen Fuchses – an Brennesseln, seltener an Disteln.

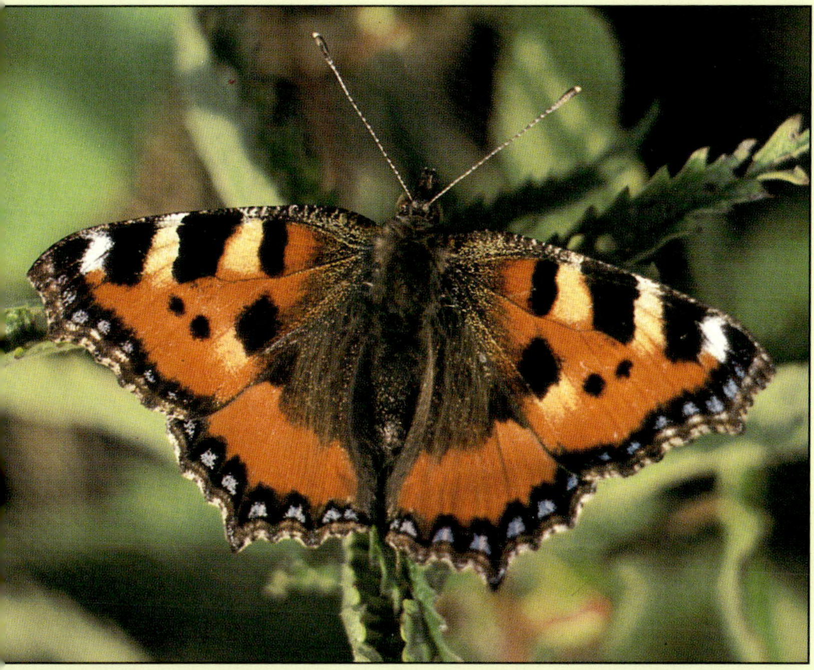

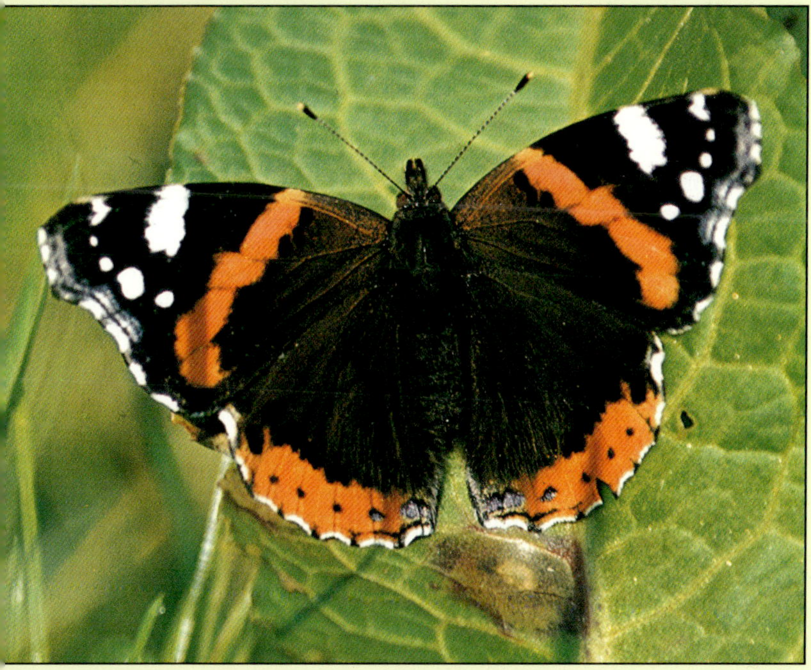

Tagpfauenauge
Inachis io

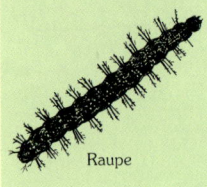
Raupe

Die auffällige Augenzeichnung auf Vorder- und Hinterflügeln machen das Tagpfauenauge zu dem wohl bekanntesten einheimischen Schmetterling überhaupt. Er fliegt von Mai an und kommt in den verschiedensten Lebensräumen von der Küste bis in Höhenlagen um 2500 m vor. Seine schwarzen, mit verästelten Dornen besetzten Raupen (Grafik) entwickeln sich – wie die vom Kleinen Fuchs und vom Admiral – auf Brennesseln. Im nördlichen Teil des Verbreitungsgebietes gibt es nur 1 Generation, im südlichen Teil 2. Das Tagpfauenauge tritt fast überall in Europa auf, ausgenommen sind die Gebiete nördlich des 60. Breitengrades.

Bläulinge
Familie Lycaenidae

Eine auffallende Gruppe von Tagfaltern sind die Bläulinge, die mit den Feuerfaltern und Zipfelfaltern in der artenreichen Familie der Lycaenidae zusammengefaßt sind. Alle gehören zu den kleineren Schmetterlingsarten, die aber dennoch ihre ganz eigenen Reize haben und eigentlich auch auf einem Spaziergang über die Wiese immer auffallen. Zumindest gilt das für die blau gefärbten Arten. Diese blauen Falter wurden lange Zeit in der Gattung *Lycaena* zusammengefaßt. Mittlerweile ist diese Großgattung in mehrere kleine Gattungen aufgeteilt worden, und spätestens hier muß dem an unseren Schmetterlingen besonders interessierten Naturfreund geraten werden, speziellere Literatur heranzuziehen. Ein den Schmetterlingen gewidmeter Fotoführer oder ein mit Zeichnungen ausgestattetes Bestimmungsbuch werden hier gute Dienste leisten.
Würde man so einen spezielleren Führer aufschlagen, so wäre man zunächst von der Tatsache erschlagen, daß in Europa und Nordafrika etwa 100 Arten vorkommen, die der Familie der Lycaenidae zuzuordnen sind. Nimmt man sich dann die Bläulinge im engeren Sinne vor, also die blau gefärbten Arten, dann beginnt die Schwierigkeit, die diffizilen Zeichnungsunterschiede eindeutig zu erkennen. Und schließlich kommt hinzu, daß die Männchen der ganzen Schmetterlingsfamilie sich im Aussehen deutlich von den Weibchen unterscheiden.
Kurz: Man sollte sich an der Schönheit dieser Falter freuen und erst dann tiefer in ihre Systematik einzudringen versuchen, wenn man sich intensiver mit den Schmetterlingen befassen will. Trockene, sonnige Wiesenhänge, Heiden und Almwiesen sind Lebensräume, in denen man diesen Faltern begegnen kann.

90

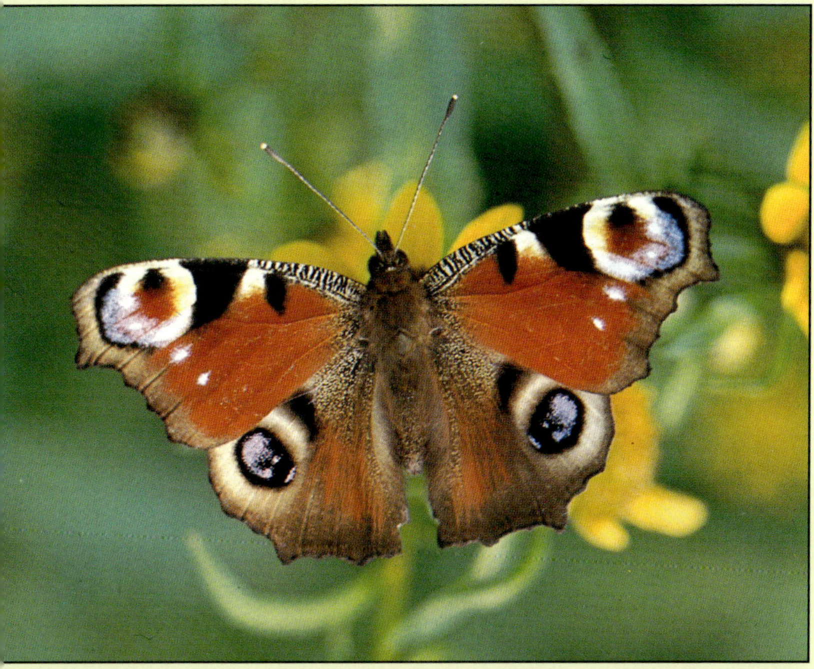

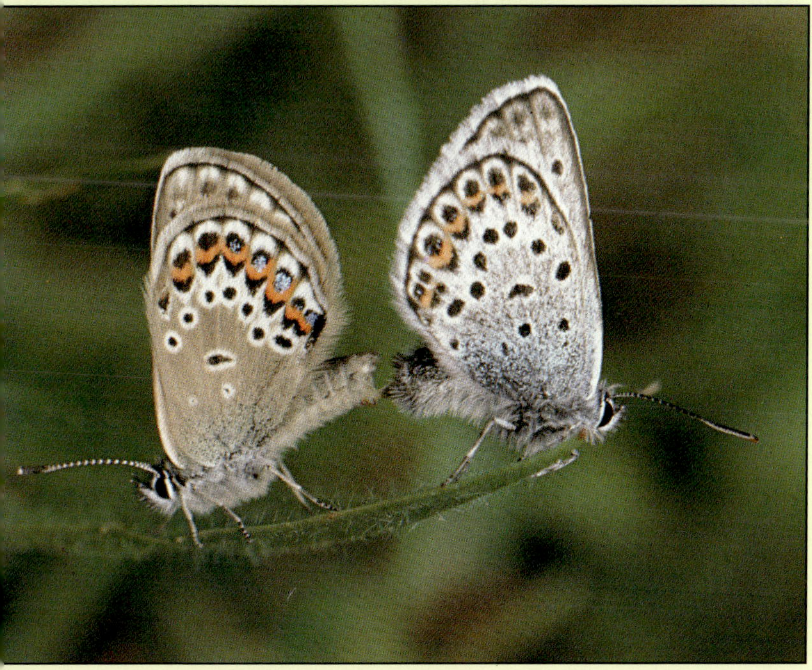

Schachbrett
Melanargia galathea

Seinen Namen hat dieser Augenfalter auf Grund der auffälligen schwarz-weißen Flügelzeichnung bekommen. Die Grundfarbe kann aber von weiß bis gelblich variieren, und auch die Musterung ist sehr unterschiedlich. Die Vorderflügel des Männchens sind 2,3 bis 2,6 cm lang, die des größeren Weibchens bis 2,8 cm. Die Falter fliegen von Ende Juni bis August. Ihr Lebensraum sind sonnige, trockene Hänge mit Magerrasen, trockene Waldwiesen und ähnliche Flächen im Hügelland; die Schmetterlinge kommen aber auch bis in Höhen um 2000 m vor. In Deutschland fehlt das Schachbrett folglich in der Norddeutschen Tiefebene, kommt aber häufig im Süden vor. Aber auch hier ist es keineswegs überall häufig, vielmehr auf geeignete Biotope beschränkt. Der Verbreitungsschwerpunkt insgesamt liegt mehr im Süden Europas. Das Weibchen läßt – wie viele andere Augenfalter auch – seine runden, weißen Eier einfach ins Gras fallen. Die grünlichen Raupen mit den hellen Längsstreifen, der dichten Behaarung und der kurzen Schwanzgabel findet man vor allem an Gräsern wie Lieschgras oder Honiggras. Sie überwintern, und erst im darauffolgenden Frühjahr entwickeln sich die Falter.

Mohrenfalter, Milchfleck
Erebia ligea

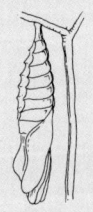

Stürzpuppe

Gürtelpuppe

Beim Betrachten dieses Schmetterlings wird eher deutlich als beim Schachbrett, warum die Familie Augenfalter heißt. Aber mit den Augenflecken auf den Flügeln fangen auch gleich die Probleme der Bestimmung an. Es gibt eine Reihe ganz ähnlicher Arten, und man muß genau hinsehen und einen Schmetterlingsführer hinzuziehen, um zu sicheren Artdiagnosen zu gelangen. Der Milchfleck hat 2,4 bis 2,8 cm lange Vorderflügel. Er fliegt in der Zeit von Ende Juni bis in den August hinein. Sein Lebensraum sind Naßwiesen und lichte Wälder vom Tiefland bis in Berglagen. Die Raupen fressen an Gräsern; sie überwintern teilweise zweimal, bevor sie sich verpuppen.

Die Augenfalter haben entweder Stürzpuppen (Grafik) oder am Boden in einem Gespinst liegende Puppen. Stürzpuppen hängen nur an einem mit Haken und Dornen versehenen sogenannten Cremaster am Hinterende der Puppe. Im Fall der Gürtelpuppen ist die Puppe ebenfalls mit dem Cremaster befestigt, aber aufrecht und mit einem Gürtelfaden gesichert (Grafik). Wie auch immer befestigt, in der Puppe können jetzt die enormen inneren Umwandlungen erfolgen, die notwendig sind, bevor ein fertiger Falter schlüpfen kann.

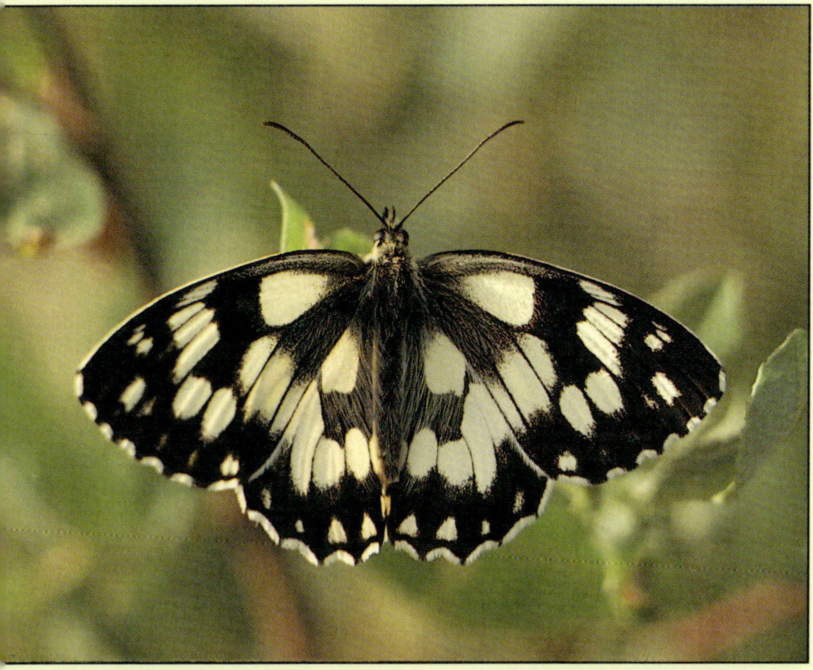

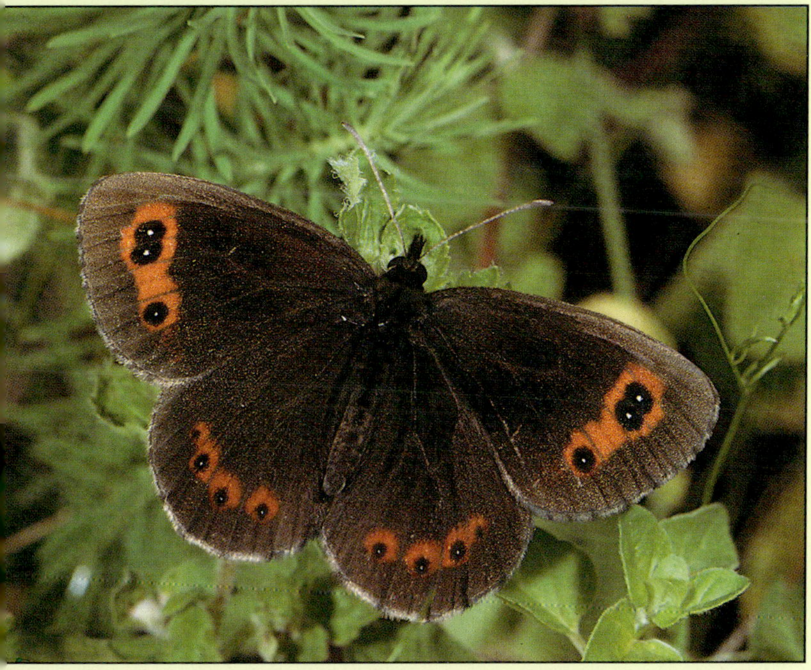

Grasfrosch
Rana temporaria

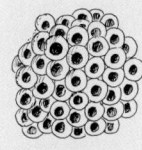

Laichballen

Erdkröte
Bufo bufo

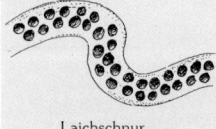

Laichschnur

Der Grasfrosch ist über das gesamte nördliche und gemäßigte Europa und Asien verbreitet. Nur im Winter und Frühling halten sich die Tiere in und an kleinen Tümpeln und Weihern auf. In der übrigen Zeit des Jahres sind sie oft in beträchtlicher Entfernung von Gewässern in Sumpfgebieten, auf feuchten Wiesen, auf Feldern und in Parks anzutreffen. Im Gebirge ist der Grasfrosch bis in 2500 m Höhe beobachtet worden.
Der Grasfrosch ist also nur zur Laichzeit auf Gewässer angewiesen. Diese beginnt schon Ende Februar und dauert bis in den April. Die Männchen lassen in dieser Zeit ein lautes, dumpfes Knurren hören, das mit Hilfe der beiden Schallblasen auf der Unterseite des Kopfes erzeugt wird. Der Laich wird in großen Klumpen abgelegt, die bis zu 4000 Eier enthalten können (Grafik). Grasfrösche sind bei uns mit die häufigsten Frösche und an ihrer braunen, dunkel gefleckten Oberseite und dem dunklen Schläfenfleck gut zu erkennen.

Die Erdkröte ist über den größten Teil des mittleren und nördlichen Europas und des gemäßigten Asiens verbreitet. Aus dem Mittelmeerraum und Ostasien sind Rassen beschrieben worden, die bis zu 20 cm lang werden können. Heimische Erdkröten nehmen sich dagegen mit 8 cm für das Männchen und 13 cm für das Weibchen eher bescheiden aus (vgl. Foto).
Bescheiden sind auch ihre Lebensansprüche. In Wäldern und Gärten kommen sie ebenso vor wie auf Wiesen und Feldern, aber auch als Siedlungsfolger in feuchten Kellern. Die Erdkröten sind ausgesprochen nützliche Tiere, die viele Schadinsekten, Schnecken und andere Kleintiere vertilgen. Daher sollte man sie schonen, wo man sie trifft. Das gilt besonders für die Zeit März/April, wenn die Kröten – meist in der Nacht – zu ihren Laichgewässern wandern. Dabei müssen sie oft stark befahrene Straßen überqueren und wurden früher achtlos zu Hunderten überfahren. Heute werden manche Straßen gesperrt, bis die Tiere in ihr Wohngebiet zurückgewandert sind, oder es werden Amphibien-Schutzzäune angelegt. Eine niedrige Wand aus Plastikfolie leitet die Kröten zu Röhren unter der Straße hindurch, oder man fängt sie in Eimern auf, die in den Boden eingelassen sind. Engagierte Naturschützer sind dann die ganze Nacht unterwegs, um die Erdkröten sicher über die Straße zu bringen, damit die Tiere ihre Laichwanderung fortsetzen können. Im Gegensatz zum Grasfrosch legen Erdkröten Laichschnüre ab (Grafik).

94

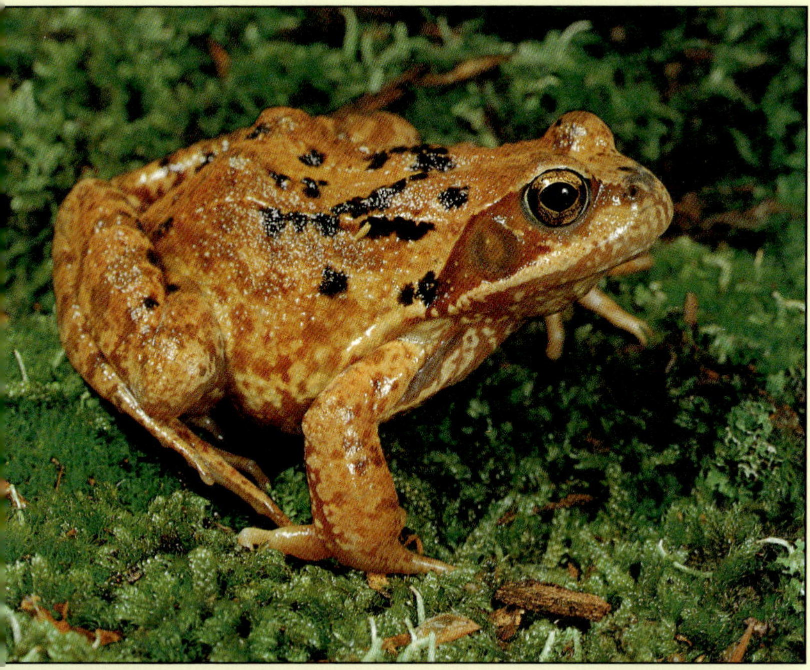

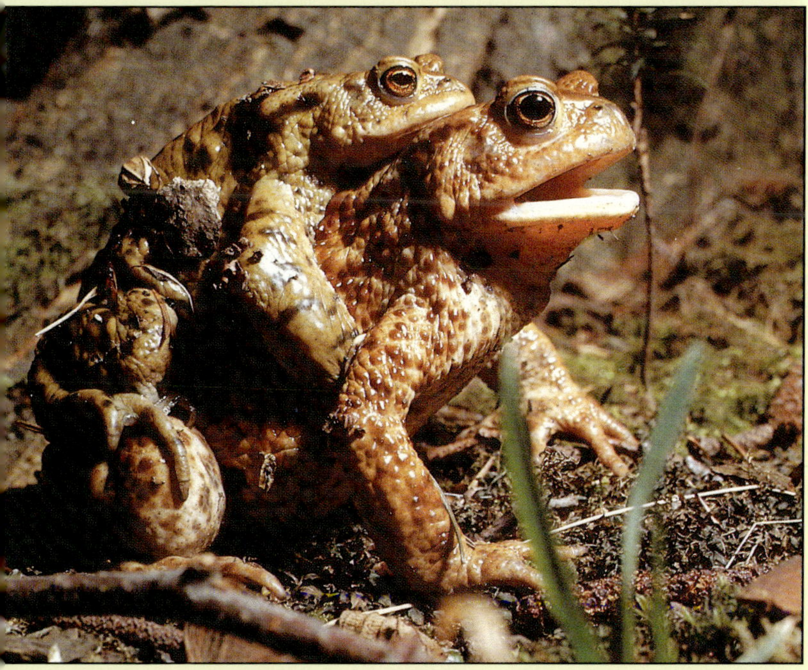

Weißstorch
Ciconia ciconia

Flugbild

Klappern

Der Weißstorch ist wohl der bekannteste Vogel in der europäischen Vogelwelt. Durch seine Größe und die Kombination von langem Hals, langen, roten Beinen, langem, rotem Schnabel und weißem Gefieder mit schwarzen Schwingen ist er mit keiner anderen Vogelart zu verwechseln (Flugbild s. Grafik). Hinzu kommt, daß sich Störche eng an den Menschen angeschlossen haben und ausgesprochene Kulturfolger sind.

Die meisten Weißstörche brüten auf Häusern. Es gibt aber auch Baumhorste dieser Vögel. Die alljährliche Wiederkehr der großen Vögel stellt denn auch meist ein wichtiges Ereignis in dem betreffenden Dorf oder Städtchen dar, wovon häufig auch in der Lokalpresse berichtet wird. Dies heute um so mehr, als die Zahl der Brutpaare in Deutschland und in vielen weiteren Teilen West- und Mitteleuropas dramatisch zurückgegangen ist: Die Art gilt nach der Roten Liste als »vom Aussterben bedroht«.

Nach der Ankunft der Störche im März erfolgt die Paarbildung, und in dieser Zeit hört man die Störche häufig mit dem in den Nacken gelegten Schnabel in der typischen Weise klappern (Grafik). Auch bei späteren Begrüßungen der Brutpartner am Horst kann man diese Verhaltensweise beobachten. Das Weibchen legt 4 bis 5 Eier, die von beiden Partnern 4 bis 5 Wochen lang bebrütet werden. Die Jungen zeigen ein weißliches Daunenkleid, einen schwärzlichen Schnabel und schwarze Beine. Die Nestlingsdauer liegt bei etwa 60 Tagen, und schon bald nach dem Selbständigwerden der Jungstörche beginnt der Wegzug der Vögel.

Der Storchenzug ist mittlerweile gut untersucht. Es gibt eine mehr oder weniger deutliche Trennlinie zwischen 2 Populationen, die jeweils verschiedene Zugwege haben. Diese Linie verläuft etwa von Südholland über Westfalen, das Rheinland, Hessen bis nach Württemberg. Die westlichen Vögel ziehen nach Südwesteuropa, über Gibraltar hinweg und weiter nach Nordwestafrika. Die östlich der genannten Linie lebenden Störche ziehen dagegen nach Südosten ab, über die Dardanellen hinweg in Richtung Kleinasien und weiter nach Ost- und Südafrika. Auf diesen langen Zugwegen sind die Vögel natürlich vielen Gefahren ausgesetzt. Und auch in den Winterquartieren gibt es mittlerweile ähnliche ökologische Veränderungen wie in der Brutheimat. An diesem Beispiel wird deutlich, daß auch unsere Brutvögel betroffen sind, wenn »hinten, fern in der Türkei« Veränderungen vonstatten gehen.

96

Mäusebussard
Buteo buteo

Flugbild

Turmfalke
Falco tinnunculus

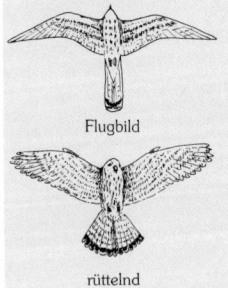

Flugbild

rüttelnd

Greifvögel sind heute selten geworden. Lange Zeit fielen sie in die Kategorie »schädlich« und wurden unablässig verfolgt. Aushorstung junger Greife und Abschuß der Altvögel waren an der Tagesordnung. Heute verstehen auch die Jäger die Rolle der Greifvögel in unseren Ökosystemen etwas besser und billigen ihnen einen gewissen Schutz zu. Zur Reduzierung der Bestände durch den Menschen kamen Veränderungen in den Lebensräumen der Vögel. Und so müssen heute die letzten Wanderfalken-, See- und Fischadlerhorste während der Brutzeit rund um die Uhr bewacht werden, damit diese Arten überleben können.

Ein noch häufig zu beobachtender Greif ist der Mäusebussard, der große Teile Europas, Mittelasiens, Nordamerikas und Teile Afrikas besiedelt. Im Flug (Grafik) fallen der runde Kopf, der breite, gerundete Schwanz und die langgezogenen »hiäh«-Rufe auf. Der Horst wird fast immer in großer Höhe auf Bäumen angelegt. Im Abstand von jeweils 3 bis 4 Tagen legt das Weibchen 2 bis 3 Eier, die auf weißlichem Grund rötlichbraun gefleckt sind. Die Brutdauer beträgt 4 Wochen. Nach weiteren 6 Wochen verlassen die Jungbussarde den Horst.

Falken erkennt man im Flug leicht an dem relativ langen Schwanz und den spitzen Flügeln (Grafik). Der Turmfalke ist bei uns noch recht häufig. Er besiedelt mit Ausnahme geschlossener Waldgebiete die verschiedensten Lebensräume. In der Regel begegnet man dem Vogel im offenen Gelände; wie sein Name nahelegt, ist er aber auch in Städten anzutreffen. Oft kann man ihn am Rand der Straßen und Autobahnen beobachten, wenn er rüttelnd in der Luft steht und nach Mäusen, seiner Hauptbeute, Ausschau hält (Grafik).

Der Falke baut kein eigenes Nest, sondern er benutzt alte Krähennester in Feldgehölzen oder, wie auf dem Foto, einen Strohstapel zum Brüten, in anderem Gelände auch Höhlen in Felswänden oder an Gebäuden. Seiner Anpassungsfähigkeit ist es wohl auch zu verdanken, daß der Turmfalke überleben konnte. Im Abstand von 2 Tagen werden um Mitte April herum die kräftig rotbraun gefleckten Eier abgelegt. Volle Gelege enthalten 4 bis 6 Eier. Die Bebrütung beginnt mit dem ersten Ei. Nach 4 Wochen schlüpfen die Jungen, und weitere 4 Wochen später verlassen die flüggen Jungfalken den Horst.

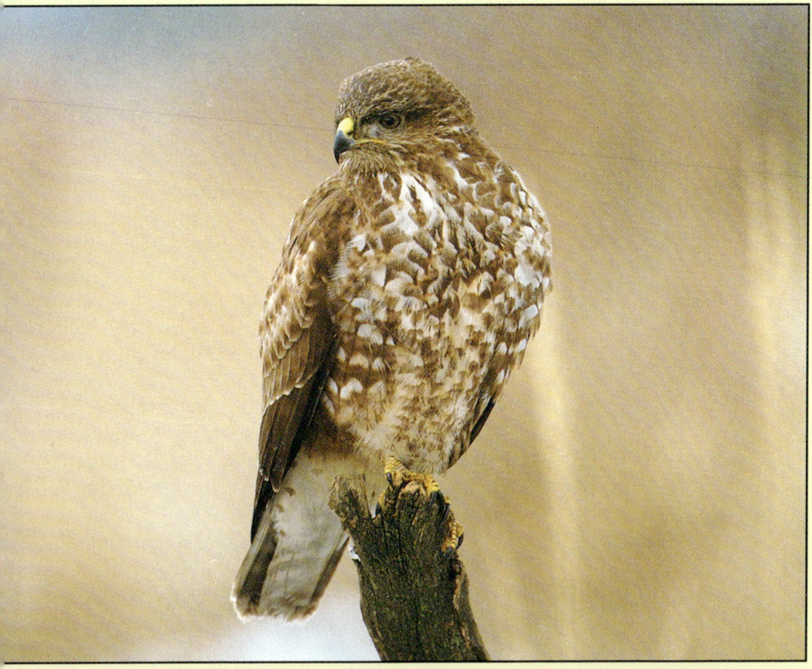

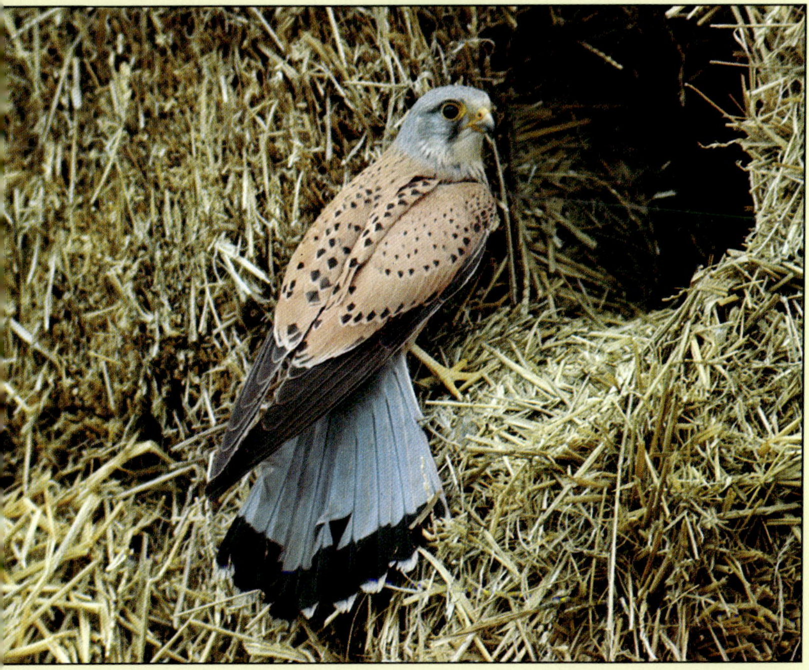

Kiebitz

Vanellus vanellus

Gelege

Jungvogel

Der Kiebitz gehört – wie die unten dargestellte Ufer-schnepfe – zur großen Gruppe der Watvögel oder Limikolen. Die meisten dieser Vögel findet man in Feuchtbiotopen, sowohl im Süßwasser- wie im Salzwasserbereich. Der Kiebitz ist nun ein Vogel, der auf feuchten Wiesen genauso brütet wie auf trockenerem Grasland und sogar auf Feldern inmitten der aufgehenden Saat. Er ist recht anpassungsfähig und durch die Trockenlegung von Feuchtgebieten kaum betroffen. Der deutsche Name beinhaltet schon ein wichtiges Kennzeichen dieses auffälligen Vogels, nämlich seine lauten »kieh-witt«-Rufe. Hinzu kommen als Merkmale die Schwarz-Weiß-Zeichnung des Gefieders und die Federhaube auf dem Kopf.

Der Kiebitz ist über den größten Teil Europas und Mittelasiens verbreitet. Als Nest dient eine Mulde im Boden, die von den Brutpartnern ausgedreht und mit einigen Grashalmen ausgelegt wird. Typisch für den Kiebitz – und für viele andere Limikolen – ist das aus 4 Eiern bestehende Gelege. Die auf olivbraunem Grund schwarzbraun gefleckten Eier liegen mit dem spitzen Pol nach innen (Grafik). Man findet volle Gelege oft schon in der letzten Märzwoche. Die Eier werden 24 bis 27 Tage lang bebrütet. Die unregelmäßig gefleckten Dunenjungen sind Nestflüchter (Grafik).

Uferschnepfe

Limosa limosa

Schwanz der Uferschnepfe

Schwanz der Pfuhlschnepfe

Die Uferschnepfe ist im Gegensatz zum Kiebitz eine Limikolenart, die durch die Veränderungen in unserer Landschaft – vor allem durch die Trockenlegung feuchter Wiesen – in ihrem Bestand stark zurückgegangen ist und in der Roten Liste als »gefährdet« eingestuft wird. Sie ist ökologisch viel weniger flexibel als der Kiebitz; ein Uferschnepfennest in einem Saatfeld wird man kaum finden. Man muß den langbeinigen Vogel mit dem langen Stocherschnabel also eher auf Feuchtwiesen suchen. Kennzeichen sind das rostbraune Gefieder, die weiße Flügelbinde und der an der Wurzel weiße, sonst schwarze Schwanz (Grafik). Das letztere Kennzeichen ist vor allem wichtig, wenn man den Vogel zur Zugzeit beobachtet. Dann kommen nämlich Vergesellschaftungen mit der im Norden brütenden **Pfuhlschnepfe** *(Limosa lapponica)* vor, die einheitlich gefärbte Flügel und einen schwarz-weiß gebänderten Schwanz aufweist (Grafik). Das Gelege der Uferschnepfe besteht aus 4 Eiern, die auf bräunlich-grünlichem Grund undeutlich dunkel gefleckt sind. Man findet volle Gelege im April/Mai.

100

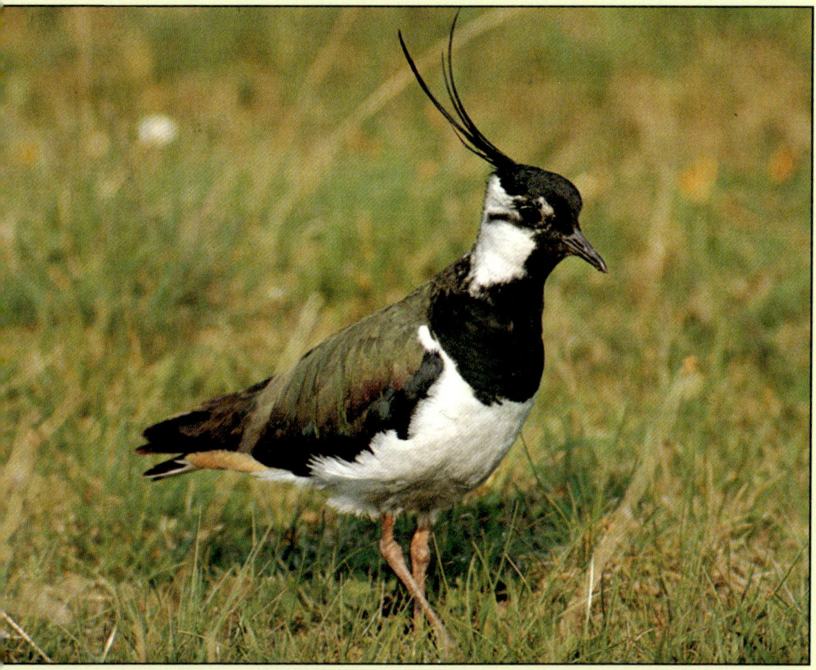

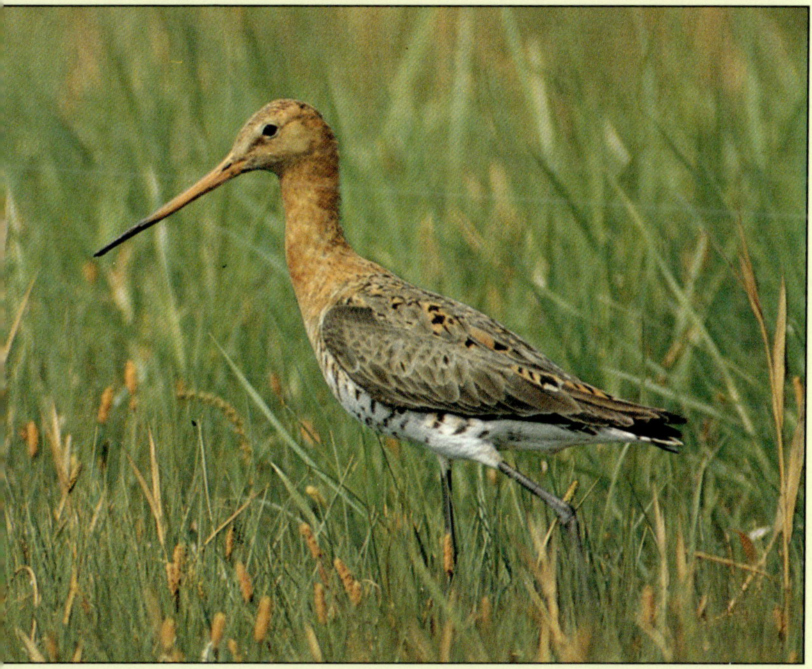

Fasan
Phasianus colchicus

Der Fasan gehört eigentlich gar nicht in die mitteleuropäische Vogelwelt hinein. Da aber die Hühnervögel zum jagdbaren Wild zählen, hat man immer wieder Versuche gemacht, Arten aus dieser Vogelordnung bei uns einzubürgern, so 1893 das Schottische Moorschneehuhn, etwa um die gleiche Zeit auch aus Nordamerika stammende Truthühner. Beide sind aus Mitteleuropa wieder verschwunden. Beim Fasan liegt der Fall nun etwas anders. Dieser Hühnervogel wurde bereits vor rund 2000 Jahren als Ziervogel gehalten, zunächst in Griechenland. Von dort gelangte er über Italien und Frankreich auch nach Deutschland, und es gibt Berichte sowie Urkunden aus dem 13. und 14.Jahrhundert, aus denen man entnehmen kann, daß der Fasan zu dieser Zeit bereits ein kommuner Vogel war. 1460 wurde die erste Fasanenzucht in Deutschland errichtet. Aus dieser Zucht und vielen weiteren wurden dann immer wieder Vögel ausgesetzt.

An ihrem langen Schwanz sind Hahn und Henne leicht zu erkennen. Die Henne trägt ein bräunlich meliertes Gefieder, ebenso die Jungvögel. Der Hahn besitzt im Gegensatz dazu ein prächtiges Federkleid. In der Paarungszeit, die bei günstigem Wetter schon Mitte März beginnt, lassen die Hähne oft ihre nicht gerade schön klingenden »gokock«-Rufe hören. Wenn man Glück hat, kann man auch den Flattersprung beobachten, bei dem der Hahn mit den Flügeln schlägt, in die Luft springt und das Gefieder sträubt (Grafik). Wenn die Hennen getreten sind, übernehmen sie allein das Brutgeschäft und die Aufzucht der Jungen. Die Henne legt 8 bis 15 olivfarbige Eier, die 3 bis 4 Wochen lang bebrütet werden. Die Gelege findet man bei uns meist im Mai, Nachgelege bis in den Juli hinein.

Flattersprung

Rebhuhn
Perdix perdix

Anders als der Fasan brütet das Rebhuhn seit jeher in großen Teilen Europas. Als typische Kulturfolger konnten sich die Rebhühner auch in den landwirtschaftlich genutzten Gebieten halten. Dennoch sieht man diese Hühnervögel heute immer seltener. Sie wurden in der Roten Liste als »stark gefährdet« eingestuft. Die Flurbereinigung mit all ihren Folgen ist wohl die wichtigste Ursache für diesen Rückgang. Den Hahn kann man an dem rotbraunen Hufeisenfleck auf der Brust gut vom Rebhuhnweibchen unterscheiden. Charakteristisch ist der etwas in die Länge gezogene »kirreck«-Ruf. Das Gelege umfaßt 14 bis 20 Eier. Volle Gelege findet man im Mai/Juni.

102

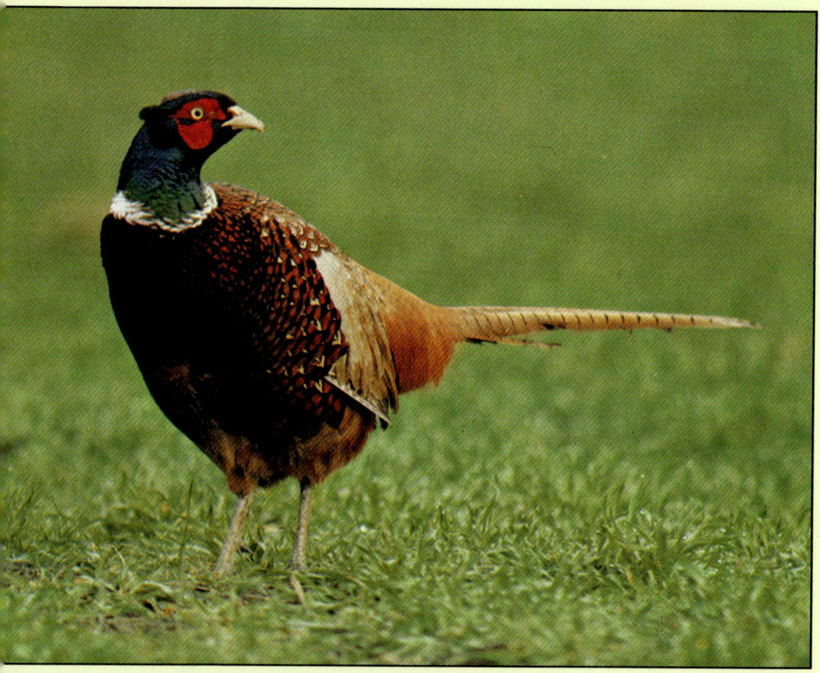

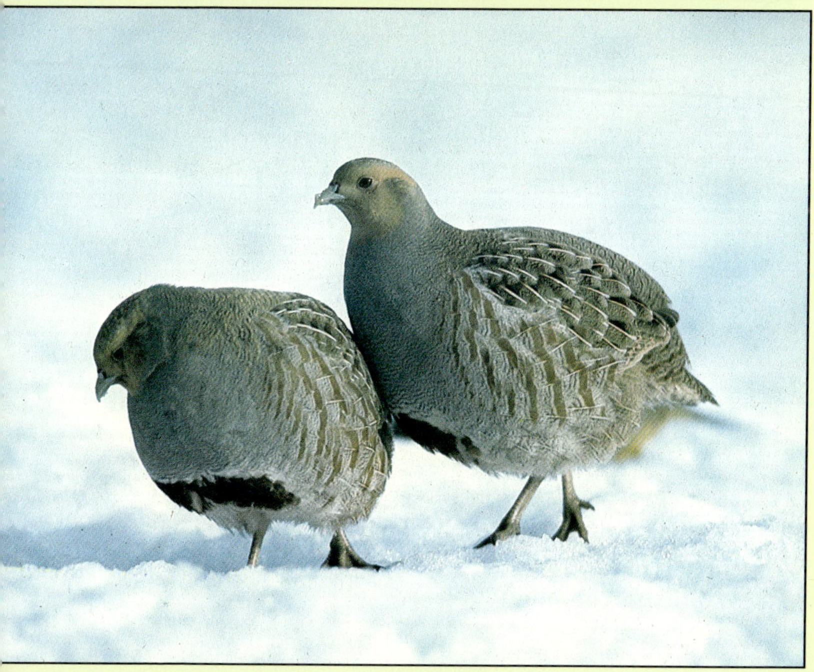

Elster
Pica pica

Nest

Saatkrähe
Corvus frugilegus

Die Elster brütet in großen Teilen Europas, Mittelasiens und in Nordamerika. Der schwarzweiße Vogel mit dem langen Schwanz und seinen schackernden Rufen ist eine der auffälligsten Gestalten in der heimischen Vogelwelt. Eigentlich ein Vogel der offenen Kulturlandschaft, ist die Elster – als anpassungsfähiger Vogel – heute auch in Städten und Dörfern heimisch geworden, nicht nur um hier Nahrung zu suchen, sondern auch um zu brüten. Das Nest ist ein umfangreicher, sperriger Kugelbau aus Reisig, der in wechselnder Höhe in Hecken oder auf höheren Bäumen steht (Grafik). Elstern legen 6 bis 7 Eier, deren Farbe stark variiert. Eine graubraune Fleckung auf bläulich-grünlichem Grund herrscht vor. Volle Gelege findet man im April, Nachgelege noch im Mai. Elstern machen nur eine Brut. Die Eier werden knapp 3 Wochen lang bebrütet. Elstern sind ausgesprochene Standvögel. Sie streichen höchstens nach der Brutzeit in kleineren Trupps umher.

Anders als die nahe verwandte Elster ist die Saatkrähe ein Koloniebrüter. Ihr Verbreitungsgebiet ist kleiner als das der Elster. Die Saatkrähe fehlt in fast ganz Skandinavien, in Italien, im südlichen Frankreich und auf der Iberischen Halbinsel. Sie kommt noch in Mittelasien vor, nicht aber in der Neuen Welt. Die Saatkrähe war früher ein in Mitteleuropa häufig zu beobachtender Brutvogel. Neben den schon bestehenden Brutkolonien haben die Vögel nach dem Krieg viele neue Kolonien gegründet, z.T. auch in den Städten. Wenn sie in ihren Kolonien nicht gestört werden, suchen die Vögel Jahr für Jahr die alten Brutplätze wieder auf, bessern die vom Winter ramponierten Horste aus oder errichten neue. Es kommt daher vor, daß sich im Laufe der Zeit die Kolonien auf einen Umfang von Hunderten von Brutpaaren ausdehnen. Krähen wurden aber lange Zeit als schädliche Vögel eingestuft. Daher wurden viele Kolonien vernichtet. Auch hier also ein Stück ökologischer Verarmung, zurückzuführen auf das Unverständnis des Menschen, dem Denkschemata wie »nützlich – schädlich« näherliegen, als sich Gedanken über die langfristig relevanten ökologischen Zusammenhänge zu machen. Heute gilt die Art nach der Roten Liste als »stark gefährdet«. Saatkrähen legen 4 bis 5 Eier, manchmal schon in den letzten Märztagen, meist aber erst im April. Nach 2 bis 3 Wochen schlüpfen die Jungen, die im Alter von etwa 1 Monat das Nest verlassen.

104

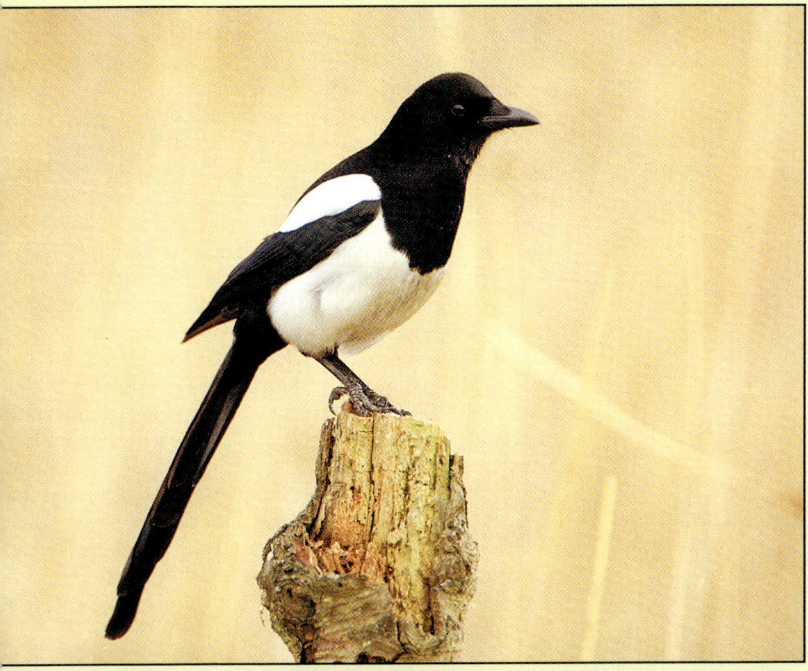

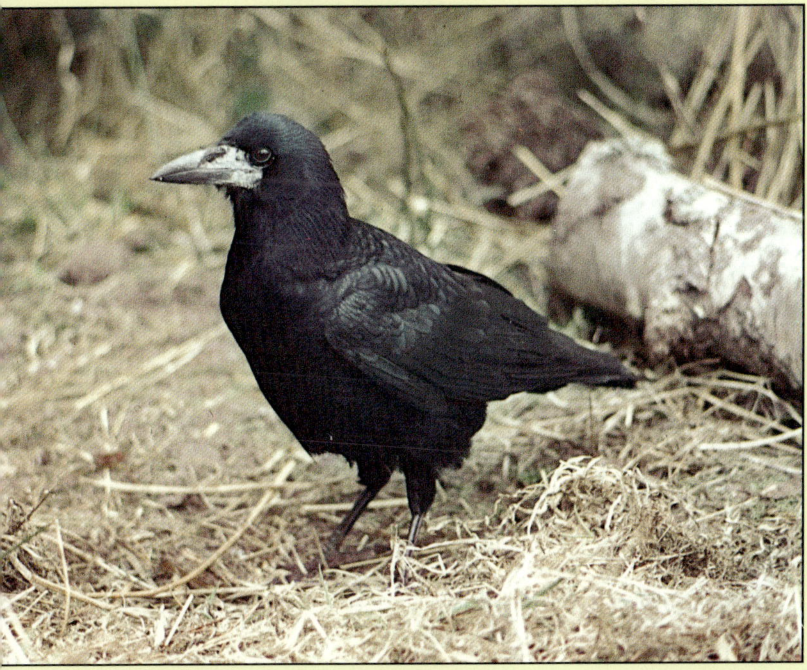

Feldlerche
Alauda arvensis

Singflug

Unter die Vögel, die wohl allgemein bekannt sind, reiht sich auch die Feldlerche ein. Sie ist zwar unscheinbar bodenfarbig und am Kopf und auf der Brust dunkel gefleckt, aber ihr Gesang ist sehr auffällig und gehört einfach zu einem Spaziergang über Wiesen und Felder dazu. Die Feldlerchen kehren Ende Februar/Anfang März aus ihren Winterquartieren zurück. Dann sieht man sie zu ihrem trillernden Singflug aufsteigen (Grafik). Nach dem Aufstieg rütteln die Lerchen eine Zeitlang in der Luft, um dann herabzuflattern. Der Gesang bricht erst kurz vor dem Landen ab. Feldlerchen kommen in mehreren Rassen über fast ganz Europa – Ausnahme sind die hochgelegenen Fjell-Landschaften Skandinaviens – und Mittelasien verbreitet vor. Ihr Lebensraum ist das Ackerland; ihnen sagt aber auch Wiesengelände und Brachland zu. Das Nest liegt in einer Vertiefung am Boden. Das Weibchen legt 3 bis 5 Eier, die auf weißlichem Grund mit braunen Flecken übersät sind. Oft sind die Flecken am stumpfen Pol des Eies dichter angeordnet. Feldlerchen brüten zweimal jährlich; die ersten vollen Gelege findet man normalerweise Mitte April. Nach etwa 2 Wochen schlüpfen die Jungen, die das Nest wiederum nach weiteren 8 bis 10 Tagen verlassen.

Steinschmätzer
Oenanthe oenanthe

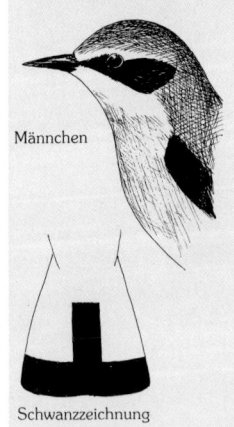

Männchen

Schwanzzeichnung

Der Steinschmätzer bewohnt ganz Europa, große Teile Asiens, die Küsten Grönlands und Teile des nördlichen Nordamerikas. Sein Lebensraum sind weniger die fetten Wiesen und Weiden, als vielmehr die trockenen Raine, Heiden und Ödland, im Norden auch die Tundra. Zur Zugzeit begegnet man den Vögeln auch auf Äckern. Obwohl der Vogel mit seiner graublauen Ober- und der gelblich-weißlichen Unterseite recht unscheinbar gefärbt ist, kann man ihn gut erkennen. Wenn er fliegt, sieht man deutlich den weißen Bürzel und die schwarze Binde am Schwanzende (Grafik). Gegenüber dem Weibchen (Foto) ist das Männchen insgesamt kontrastreicher gefärbt; es hat vor allem eine kräftigere Kopfzeichnung (Grafik). Steinschmätzer brüten in Steinhaufen, auch in angehäuftem Bauschutt, in Löchern in Sandgruben und in verlassenen Kaninchenbauten. Das Nest wird reichlich mit Federn ausgepolstert. Die Vögel machen nur eine Brut im Jahr; volle Gelege umfassen meist 6 Eier. Im Oktober ziehen die Schmätzer ab, um im folgenden April wieder bei uns zu erscheinen. Die Art gilt nach der Roten Liste als »gefährdet«.

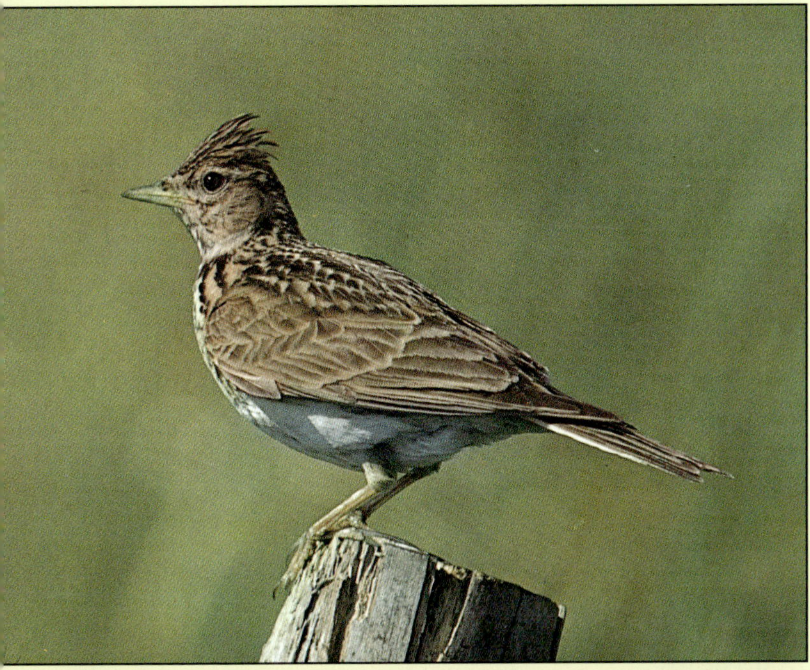

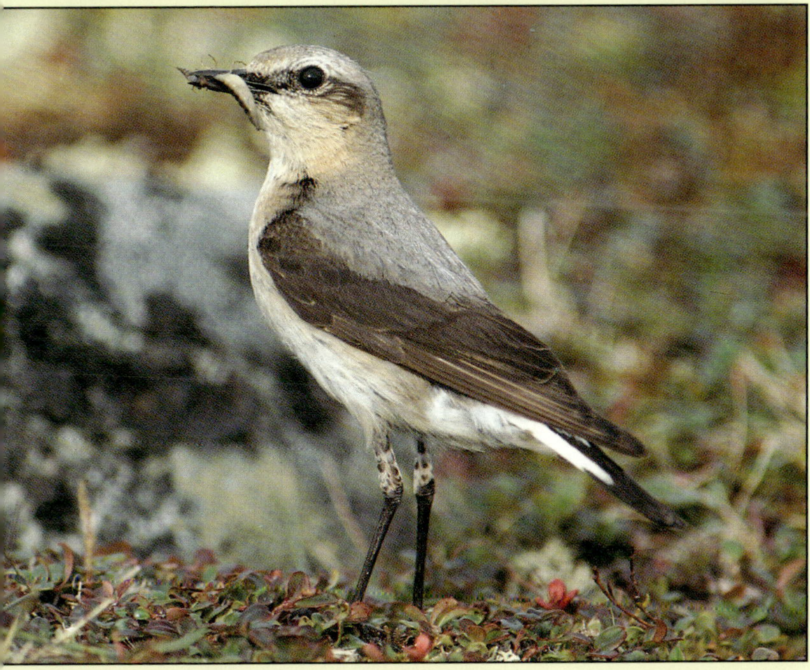

Braunkehlchen
Saxicola rubetra

Das Braunkehlchen war noch vor wenigen Jahrzehnten in Mitteleuropa viel häufiger zu beobachten als heute. In Nordskandinavien, in Italien und in großen Teilen der Iberischen Halbinsel fehlt es zwar ohnehin, aber sonst ist es über ganz Europa und Teile Asiens verbreitet. Sein Lebensraum sind die ausgedehnten Wiesenlandschaften mit grasreichen Rainen und die Moorgebiete. Aber auch hier hat sich die Veränderung der Landschaft durch den Menschen mal wieder negativ auf die Bestandsdichte einer Art ausgewirkt. Hinzu kommt, daß Braunkehlchen Insektenfresser sind, und auch im Lebensbereich dieses Vogels hat der Mensch mit der Giftspritze negativ gewirkt. So ist die Art heute in der Roten Liste als »stark gefährdet« verzeichnet.

Das Nest des Braunkehlchens liegt gut versteckt in einer Bodenvertiefung im Gras. Es ist aus Pflanzenteilen gebaut und innen mit feinen Halmen und Haaren ausgepolstert. Meist 6 tief blaugrün gefärbte Eier mit feiner rötlicher Punktierung bilden das volle Gelege, das man im Mai/Juni finden kann. 2 Wochen lang bebrütet das Weibchen die Eier allein. Auf ihrem Weg zum Nest landen die Vögel gerne auf einem Wiesenpfahl oder einer höheren Pflanze in der Nähe.

Nahe verwandt ist das als »gefährdet« eingestufte **Schwarzkehlchen** *(Saxicola torquata)*. Die Männchen sind an ihrem schwarzbraunen Kopf, der schwarzbraunen Kehle und der rostroten Brust leicht zu erkennen (Grafik). Der Lebensraum des Schwarzkehlchens sind Raine, Bahndämme und Ödlandflächen. Beide Arten sind Zugvögel.

Schwarzkehlchen
Männchen

Wiesenpieper
Anthus pratensis

Die Pieper haben etwa Sperlingsgröße und gleichen in der Zeichnung der Feldlerche. Der Wiesenpieper ist aber durch den dünneren Schnabel und den verhältnismäßig langen Schwanz von der Feldlerche ganz gut abzugrenzen. Am leichtesten fällt die Unterscheidung, wenn die Vögel singen. Zwar macht auch der Wiesenpieper einen Singflug, die Schmetter- und Singstrophen klingen aber deutlich anders als das Trillern der Lerche. Wiesenpieper kommen im mittleren und nördlichen Europa bis in die Sowjetunion hinein vor. Ihr Lebensraum sind Wiesengelände und Ödland, im Norden auch die Tundra. Das Nest steht am Boden (s. Foto). Es ist aus Halmen und Blättchen zusammengefügt und innen mit Haaren ausgelegt. Die Vögel legen meist 5 dunkelbraun gefleckte Eier. Es finden 2 Bruten statt, die erste oft schon Ende April.

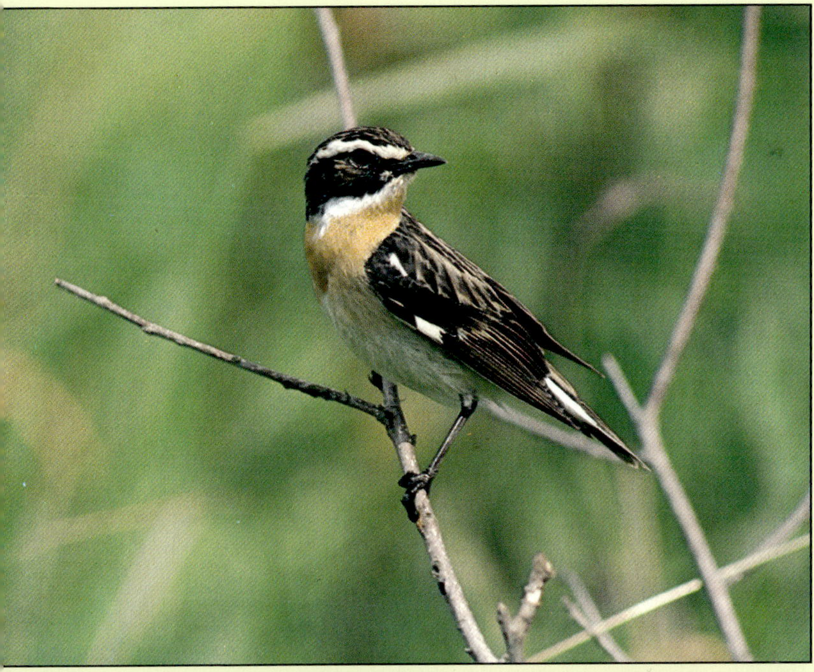

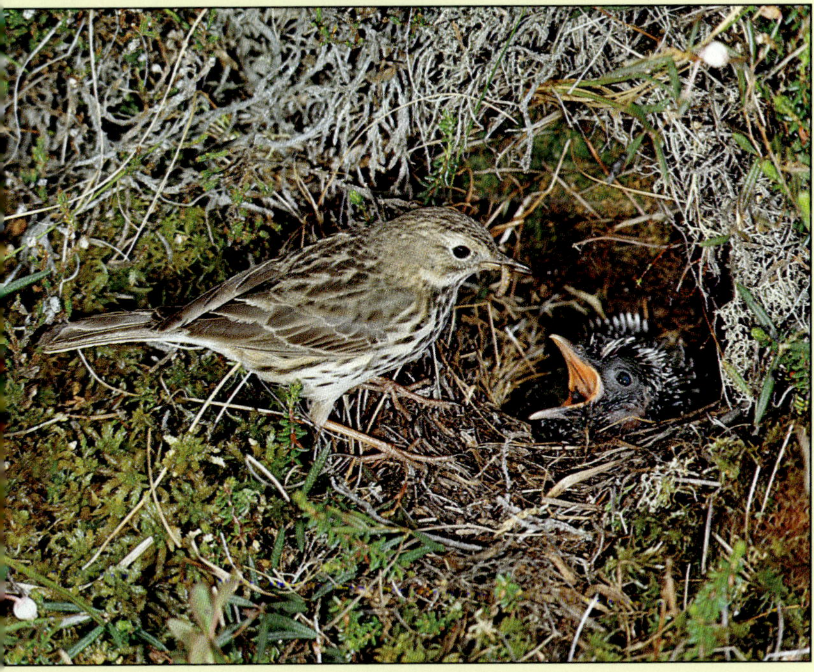

Bachstelze
Motacilla alba

Jungvogel

Die Bachstelze ist in ganz Europa und fast ganz Asien heimisch. Auf den Britischen Inseln kommt eine eigene Rasse vor, die Trauerbachstelze, die oberseits schwarz gefärbt ist. Die in Mitteleuropa heimische Rasse ist wohl mit keinem anderen Vogel zu verwechseln. Die schwarz-grau-weiße Zeichnung (Jugendkleid s.Grafik) und der lange, im Laufen ständig wippende Schwanz sind unverkennbar. Das letztere Kennzeichen hat dem Vogel auch den plattdeutschen Namen »Wippsteert« eingetragen. Ein anderer volkstümlicher Name – »Akkermännchen« – weist darauf hin, daß die Bachstelze dem Bauern oft folgt, wenn dieser pflügt und dabei eine Menge im Boden lebender Tiere an die Erdoberfläche befördert. Überhaupt ist es eine reizvolle Beschäftigung für den ornithologisch interessierten Naturfreund, einmal nach solchen volkstümlichen Namen für bestimmte Vogelarten zu fahnden. Oft wird deutlich, wie genau die Menschen früher die ihnen vertrauten Tiere beobachtet und wie treffend sie diese benannt haben. Andererseits hat es auch seine Vorteile, Tiere mit Bezeichnungen zu belegen, die ihre systematische Einordnung widerspiegeln.
Was den Platz ihres Nestes angeht, so sind Bachstelzen ausgesprochen erfinderisch. Es können Bretterstapel sein, Mauernischen, Dachbalken in Schuppen und Viehställen und viele andere Orte. Das Nest besteht aus trockenen Blättern, Grashalmen, Pflanzenfasern und ähnlichem Material. Innen wird es mit Haaren und Federn ausgepolstert. Die 5 bis 7 auf weißlichem Grund grau gefleckten Eier findet man schon im April, wenn – ja, wenn nicht ein junger Kuckuck im Nest sitzt und alle anderen Eier hinausbefördert hat. Sowohl Bachstelze wie Wiesenpieper und Schafstelze sind nämlich beliebte Kuckuckswirte. Aber die Kuckucksweibchen finden natürlich nicht jedes Pieper- oder Stelzennest, und bei 2 bis 3 Bruten im Jahr braucht man sich um die Bestände der Bachstelzen keine Sorgen zu machen.

Schafstelze
Motacilla flava

Diese gelbe Stelze ist über fast ganz Eurasien und die Küsten Alaskas verbreitet. Interessant ist bei dieser Art die starke Aufspaltung in feldornithologisch gut unterscheidbare Rassen. Ihre extremen Formen zeigen sich in der durchgehend gelb-grün gefärbten Rasse auf den Britischen Inseln und der dunkelköpfigen Maskenstelze der Balkanländer. Das Nest der Schafstelze liegt immer in einer kleinen, ausgepolsterten Vertiefung am Boden. Die Gelege bestehen aus 5 bis 6 Eiern.

110

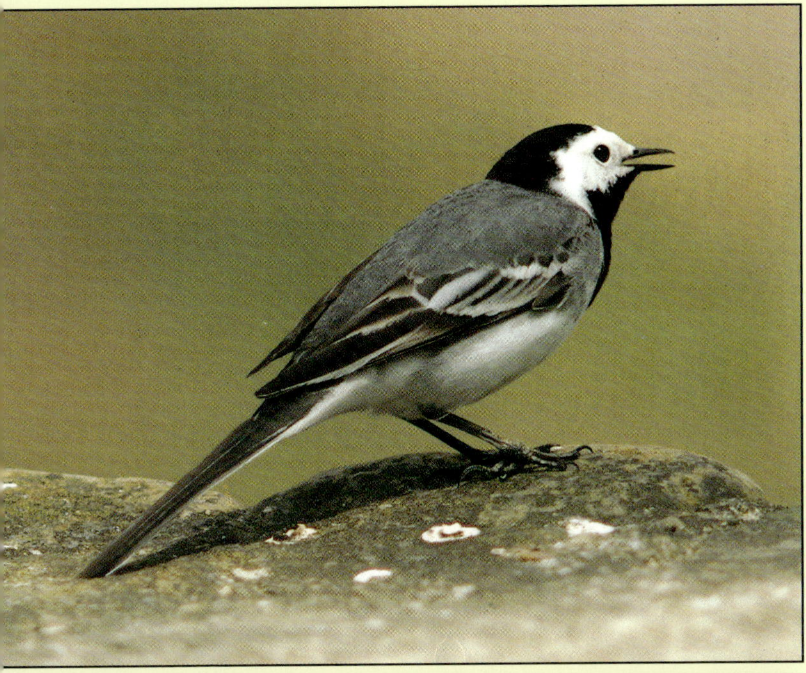
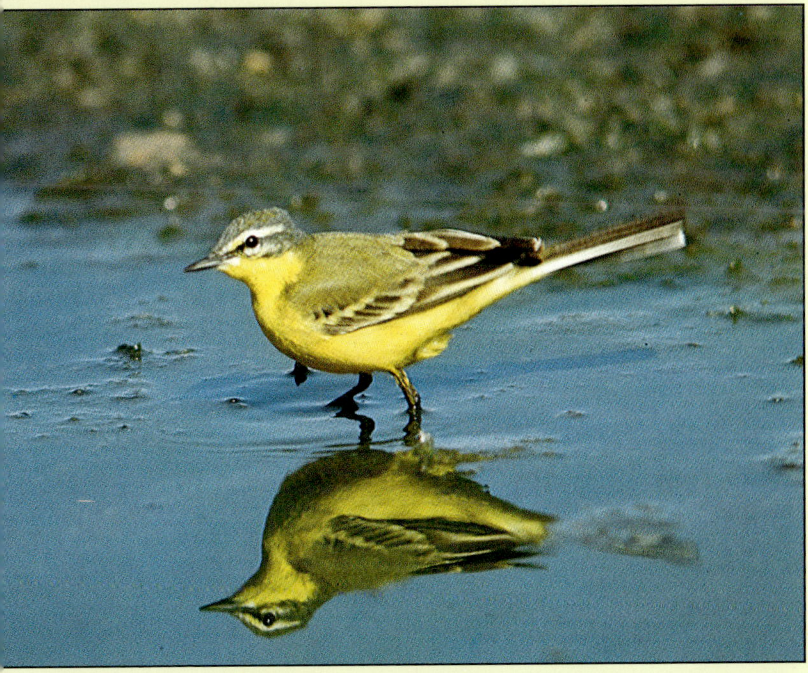

Neuntöter
Lanius collurio

aufgespießte Beute

Hänfling
Acanthis cannabina

Die Würger könnte man auch als die Greifvögel unter den Singvögeln bezeichnen. Zu ihnen gehört neben dem schwarz-weiß-grau gefärbten **Raubwürger** *(Lanius excubitor)* und dem **Rotkopfwürger** *(Lanius senator)* mit dem schwarz-weiß gezeichneten Rücken und dem rotbraunen Kopf auch der Neuntöter oder Rotrückenwürger (auf dem Foto links das Männchen, rechts das Weibchen). Die Würger sitzen gern auf erhöhten Warten, um von dort aus auf Beute zu lauern. Machen sie dann ein Insekt, eine Maus oder eine Eidechse aus, stoßen sie vom Ansitz herab und packen die Beute mit ihrem Hakenschnabel. Wenn die Beute nicht gleich verzehrt werden soll, wird sie aufgespießt (Grafik). Kein Wunder, daß man Neuntöternester fast immer in Hekkenrosen-, Schlehen- oder Weißdorngebüschen oder in Brombeerhecken findet. Aber durch die Flurbereinigung sind viele Hecken der Axt zum Opfer gefallen, und der Neuntöter gilt heute nach der Roten Liste als »stark gefährdet«.

Neuntöter sind Zugvögel, die bei uns in der zweiten Augusthälfte abziehen, um etwa Anfang Mai wieder an den Brutplätzen zu erscheinen. Von Mitte Mai an findet man die vollen Gelege: 6 oder 7 Eier, die in ihrer Färbung sehr stark variieren können. Die Brutdauer beträgt 2 Wochen. Nach weiteren 2 Wochen verlassen die Jungen das Nest.

Dieser kleine Finkenvogel ist über große Teile Europas verbreitet. Ausgenommen von der Verbreitung sind Island und fast ganz Norwegen und Schweden. Das Männchen ist während der Brutzeit an seinem roten Scheitel, der roten Brust und dem rostbraunen Rücken gut zu erkennen (s. Foto). Dem Weibchen fehlt jedes Rot im Gefieder; der Rücken ist vielmehr braungrau und streifig, die Brust dunkel längsgefleckt. Hänflinge bauen ihre Nester in Hecken, gerne in Fichtenhecken, aber auch in Schlehen- und Weißdornhecken, die sie früher am Rand der Felder und Wiesen viel häufiger vorfanden als heute in der flurbereinigten Landschaft. Demzufolge ist der Hänfling heute deutlich seltener als etwa noch vor 20 Jahren. Hänflinge sind Strich- und Zugvögel, die um Mitte September herum in Richtung Süden abziehen, um aber bereits im Mittelmeergebiet zu überwintern. Die Rückkehr an die Brutplätze erfolgt im März. Es finden 2, oft sogar 3 Bruten statt. Ein volles Gelege besteht aus 5 oder 6 Eiern, die auf bläulichem Grund rötlichbraun gesprenkelt sind.

112

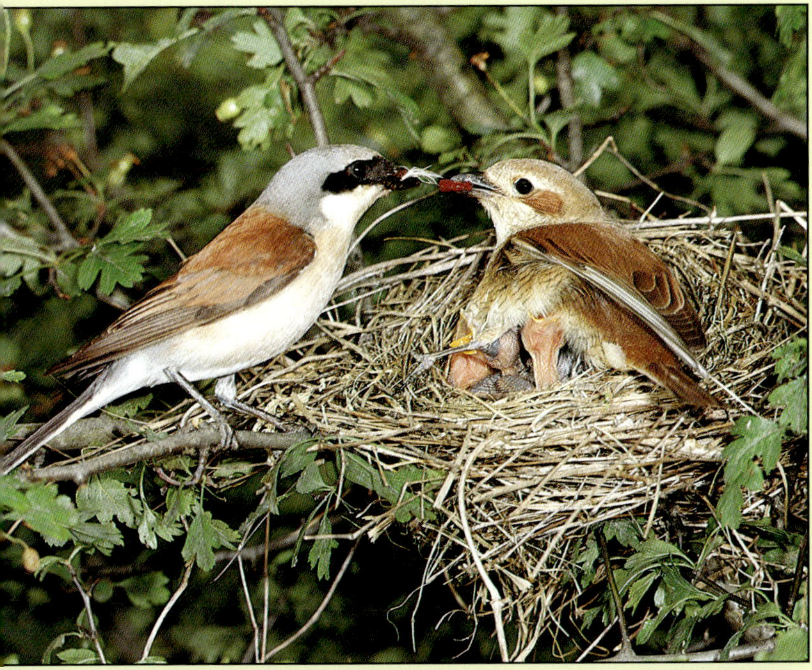

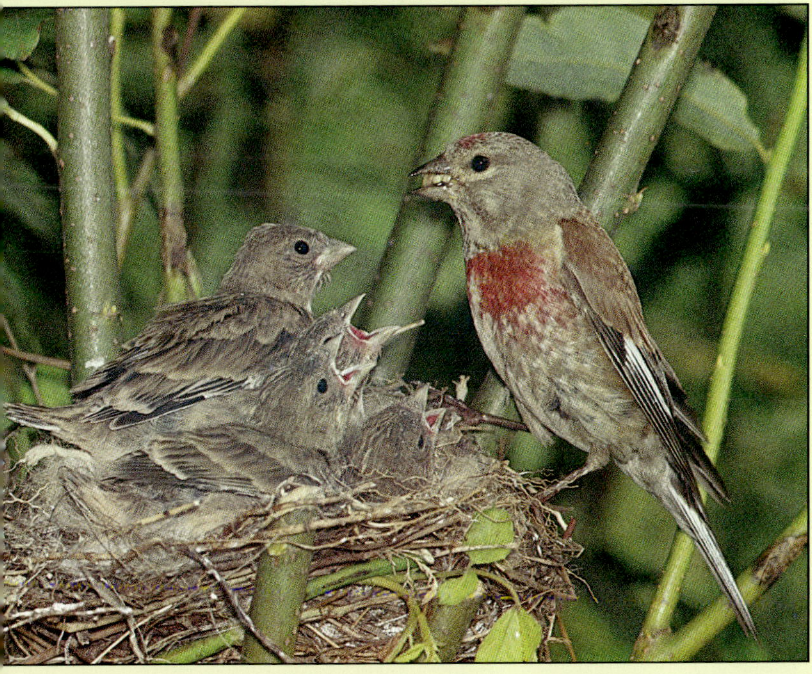

Stieglitz
Carduelis carduelis

Der Stieglitz besitzt ein Verbreitungsgebiet wie der nah verwandte Hänfling, nur dringt er weiter nach Asien vor. Verwechseln kann man den Vogel kaum: Die rote Gesichtsmaske, die weißen Wangen, der weiße Bürzel und die gelbe Flügelbinde – das zusammen macht eine unverkennbare Vogelgestalt aus. Interessant ist die Namensgebung bei diesem Vogel: Stieglitz heißt er auf Grund seiner typischen »stigelitt«-Rufe, Distelfink auf Grund seiner Ernährungsgewohnheiten. Denn der Stieglitz ernährt sich mit Vorliebe von Distelsamen, und gerade im Herbst kann man die Vögel truppweise umherziehen und oft kopfunter an trockenen Distelpflanzen hängen sehen, wo sie die Samen herauspicken. Man wird dem Vogel also an Rainen und auf Ödland am ehesten begegnen. Er bewohnt aber auch Gärten, Parks und Obstpflanzungen. Die Nester stehen ziemlich hoch in den Bäumen. Sie werden sorgfältig aus verschiedenen Pflanzenteilen zusammengesetzt und innen mit Pflanzenwolle ausgepolstert. Stieglitze legen 5 bis 6 Eier, die denen des Hänflings ähnlich sehen, also auf bläulich-weißlichem Grund fein rotbraun gefleckt sind. Der Stieglitz brütet zweimal; die ersten Gelege findet man Anfang Mai, ganz späte noch im August. Die Jungen schlüpfen nach etwa 12 Tagen und verlassen das Nest dann nach weiteren 2 Wochen.

Feldsperling
Passer montanus

Haussperling
Männchen

Der Feldsperling ist etwas kleiner als der allenthalben bekannte **Haussperling** *(Passer domesticus),* der nun ein ausgesprochener Kulturfolger ist und sich selbst mitten in Großstädten wohlfühlt. Der Feldsperling kommt mit Ausnahme von Island und großen Teilen Norwegens und Schwedens in ganz Europa vor. An seiner kastanienbraunen Kopfplatte, dem schwarzen Wangenfleck und dem schwarzen Kehlfleck ist er leicht vom Haussperling (Grafik) zu unterscheiden. Anders als beim nahen Verwandten sind beim Feldsperling Männchen und Weibchen gleich gefärbt. Dieser Sperling hat sich außerdem nicht so eng an den Menschen angeschlossen, ist vielmehr ein Vogel offener Kulturlandschaften. Allerdings müssen Bäume vorhanden sein, in denen er als Höhlenbrüter sein Nest bauen kann. Gerne nehmen die Vögel auch Nistkästen an. Das Nest ist – wie beim Haussperling – ein schlampiger Bau aus Halmen und Blättern, auch Papierfetzen und ähnliches Material werden eingebaut; die Nestmulde wird mit vielen Federn ausgelegt. Feldsperlinge legen 5 bis 6 Eier. Regelmäßig werden 2 Bruten aufgezogen.

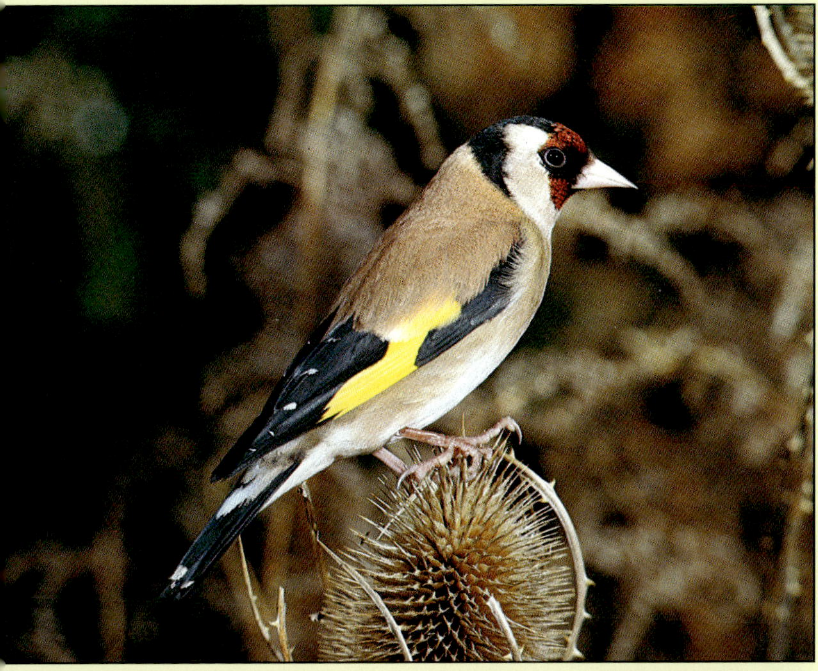

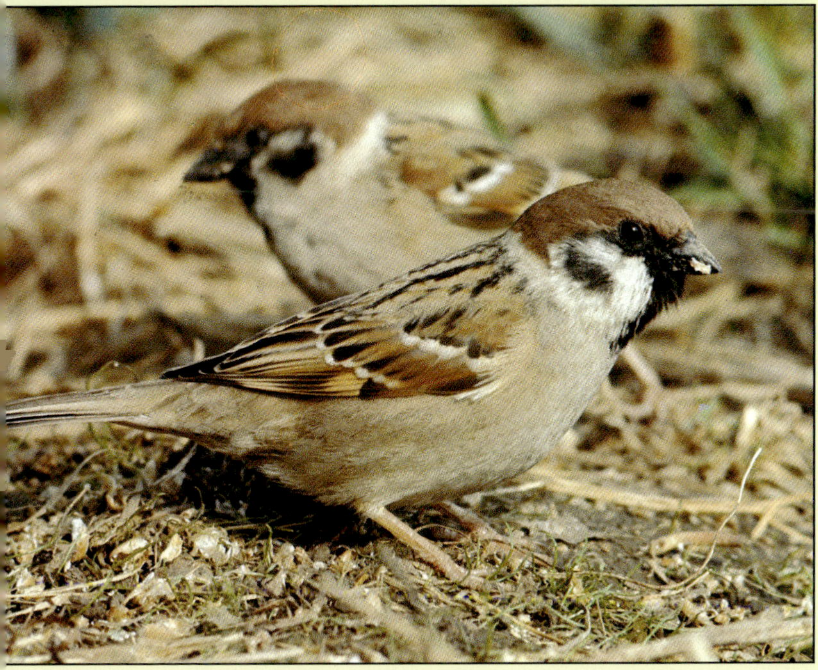

Grauammer
Emberiza calandra

Ganz Europa mit Ausnahme von Island und Skandinavien bildet das Verbreitungsgebiet der Grauammer. Die Oberseite des Vogels ist unscheinbar graubraun gefärbt und zeigt eine schwarzbraune Längsfleckung. Die Unterseite ist heller gefärbt; auf der Brust und an den Flanken ist ebenfalls eine deutliche Fleckung vorhanden. Die Grauammer ist etwas größer als ein Sperling und von den äußerlich ähnlichen Arten wie Feldlerche und Wiesenpieper dadurch relativ leicht zu unterscheiden. Vor allem aber fällt gegenüber diesen beiden Vögeln der kräftige Körnerfresserschnabel auf. Ein gutes Kennzeichen ist auch der Gesang, durch den man am ehesten auf den Vogel aufmerksam wird. Er klingt wie »zickzickzick schnirrrps« und wird von einer erhöhten Singwarte aus vorgetragen. In Mitteleuropa ist diese Ammer in Ackerbaugebieten und offenem Wiesengelände anzutreffen, stellenweise aber schon selten. Sie wird in der Roten Liste als »gefährdet« eingestuft.

Das Nest der Grauammer wird in kleinen Bodenvertiefungen an Grabenrändern, an Feldrainen oder auch auf Kleeschlägen und Getreidefeldern angelegt. Die ersten vollen Gelege – 5 oder 6 auf grauem Grund unregelmäßig dunkel gefleckte Eier, die in der Färbung stark schwanken – findet man bei uns im April, die zweite Brut erfolgt im Juni.

Goldammer
Emberiza citrinella

Die Goldammer ist gegenüber der Grauammer ein viel bekannterer Vogel, wohl weil sie häufiger ist, durch ihr leuchtend gelbes Gefieder mit dem rotbraunen Rücken und Bürzel leichter auffällt und kaum mit anderen Vogelarten zu verwechseln ist. Im Flug fallen außerdem die weißen Schwanzkanten auf. Ganz typisch ist schließlich der Gesang, der etwa mit »zizizizi-zieh« umschrieben werden kann, oder – wie der Volksmund ihn umgesetzt hat – mit »wie, wie, wie hab ich dich lieb«.

Die Goldammer fehlt nur in Nordskandinavien und auf der Iberischen Halbinsel, ist ansonsten über ganz Europa verbreitet bis weit nach Asien hinein. Ihr Lebensraum ist die offene Feld- und Wiesenlandschaft, die durchsetzt ist mit Hecken, Buschgruppen und Feldgehölzen. Im Winter treiben sich die Vögel auch in der Nähe von Bauernhöfen und Feldscheunen herum, um dort nach Nahrung – vor allem Dreschabfällen – zu suchen. Das Nest der Goldammer kann sich sowohl direkt am Boden in einer Vertiefung befinden als auch niedrig in Hecken und Brombeergesträuch. Goldammern brüten zweimal im Jahr, das erste Mal im April.

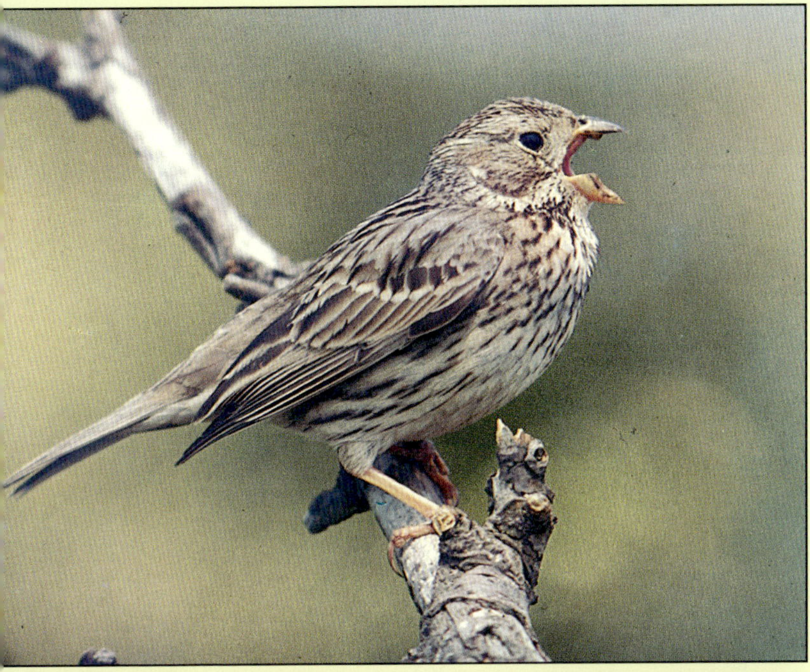

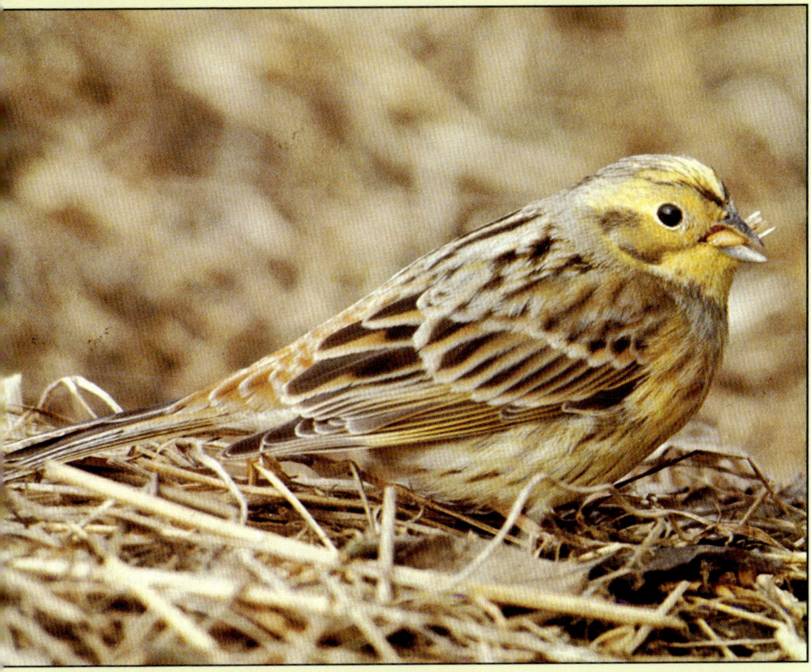

Igel
Erinaceus europaeus

Spätestens seit dem legendären Wettlauf zwischen dem Hasen und dem Igel ist dieses Stacheltier allgemein bekannt. Der zur Ordnung der Insektenfresser (Insectivora) gehörende kleine Säuger fällt sofort durch sein Stachelkleid auf, zu dem es in der mitteleuropäischen Fauna keine Parallele gibt. Der Igel kommt mit Ausnahme von Island und Mittel- und Nordskandinavien in ganz Europa vor; sein Verbreitungsgebiet erstreckt sich darüber hinaus weit nach Asien hinein. Die in der Dämmerung und Nacht aktiven Tiere werden 20 bis 30 cm lang, und außer dem Stachelkleid sind die spitze Schnauze und die rundlichen, kurzen, Ohren auffällige Kennzeichen. Igel ernähren sich nicht nur von Insekten; sie fressen auch viele andere wirbellose Tiere, Vogeleier, Früchte und kleine Wirbeltiere. Im Mai/Juni werden nach 5 bis 6 Wochen Tragzeit 2 bis 10 blinde Junge geboren, die bereits ein weiches Stachelkleid besitzen. Igel werden 8 bis 10 Jahre alt.

Maulwurf
Talpa europaea

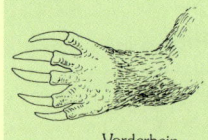

Vorderbein

Der Maulwurf, der wie der Igel zu den Insektenfressern gehört, ist über fast ganz Europa verbreitet. Auf die Anwesenheit dieses lichtscheuen, samtschwarzen Gesellen wird man meist aufmerksam, wenn man die Maulwurfshügel sieht, die unterirdisch – 60 cm und tiefer – durch ein System aus Verbindungsgängen, Wohnkessel, Vorratskammer und Tränke verbunden sind. In den Jagdgängen geht der Maulwurf auf Beutefang. Er ernährt sich von Insekten und deren Larven, anderen Gliederfüßern, Schnecken und Würmern.

Der Maulwurf ist an seinen Lebensraum und seine Lebensweise gut angepaßt: Die Gliedmaßen sind kurz und gedrungen gebaut, die Hände sind zu Grabschaufeln umgebildet (Grafik). Der etwa 15 cm lange Körper ist wie eine Walze gebaut, die durch Muskelkontraktionen noch schlanker gemacht werden kann. Das Fell ist kurzhaarig und zeigt nicht den üblichen Strich; der Maulwurf kann sich also ohne Probleme in den engen Gängen vorwärts und rückwärts bewegen. Ohrmuscheln fehlen, die Gehörgänge können durch Hautfalten verschlossen werden. Die Augen sind nicht sehr leistungsfähig. Sie liegen außerdem tief im Fell verborgen. Insgesamt finden wir bei diesem Tier also einige Besonderheiten, die entwickelt sind, um unter der Erde zu graben, zu wühlen, sich zu orientieren und auf Nahrungssuche zu gehen. Nach der Paarung im März/April und 1 Monat Tragzeit bringt das Weibchen 4 bis 5 Junge zur Welt.

118

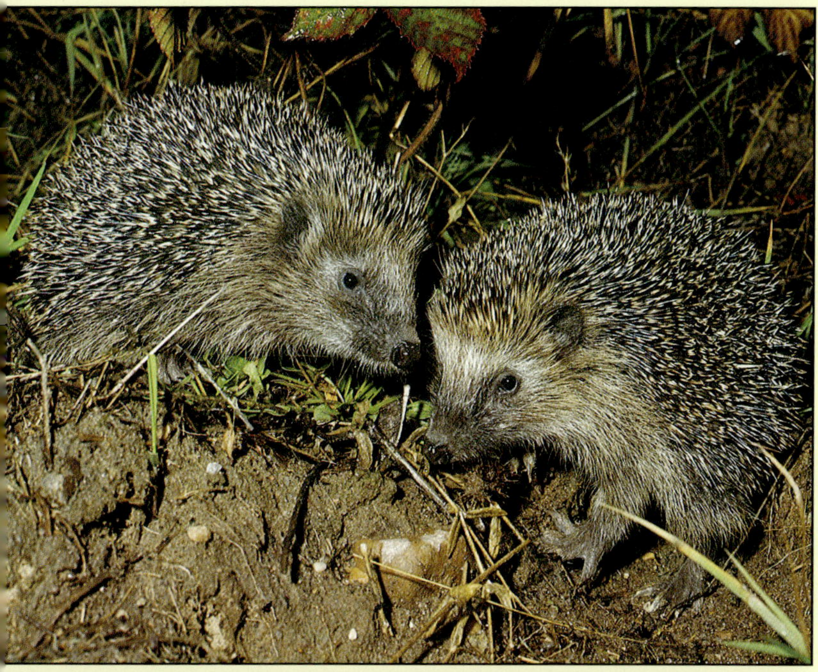

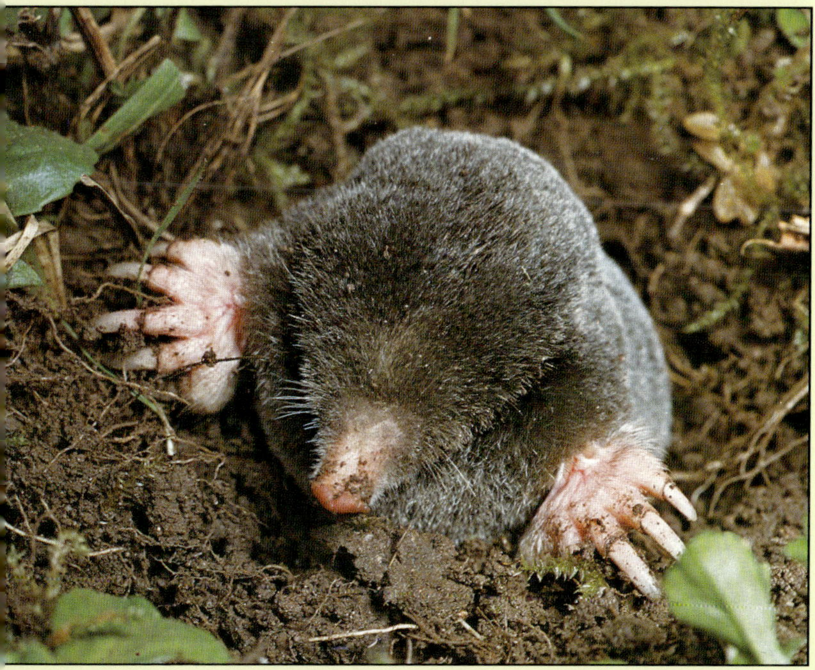

Feldhase
Lepus europaeus

Feldhase

Wildkaninchen

Hamster
Cricetus cricetus

Der Feldhase ist für die offene Kulturlandschaft typisch. Allerdings werden die Hasen seltener, was sicher auf die großräumigen Veränderungen ihres Lebensraumes zurückzuführen ist. Andererseits sieht man die Tiere in manchen Jahren wieder häufiger, so daß man die tatsächliche Bestandsabnahme nur aus langjährigen Untersuchungen ablesen kann. Diese Schwankungen liegen darin begründet, daß die Hasen drei- bis viermal im Jahr Junge werfen, pro Wurf 2 bis 4. Wenn nun zur Setzzeit die Witterungsbedingungen sehr ungünstig sind, kommen die Junghasen kaum durch. Dies ist vor allem der Fall beim ersten Wurf, den sprichwörtlichen Märzhasen. Ein warmer, trockener Frühling ist also ideal für Junghasen, die ihrerseits wieder im Alter von 5 bis 8 Monaten geschlechtsreif werden. Gute Wetterbedingungen führen also zu einem raschen Anwachsen der Hasenpopulation. Regen und Kälte dagegen reißen starke Lücken in die Bestände.

Der Feldhase ist mit Ausnahme Islands, großer Teile Irlands und Skandinaviens über ganz Europa verbreitet. In den Alpen verläuft die Grenze in etwa 2000 m Höhe. Darüber hinaus ist er über große Teile Asiens verbreitet und durch Einbürgerung mittlerweile auch in Nord- und Mittelamerika sowie in Australien. Das **Wildkaninchen** (*Oryctolagus cuniculus;* Grafik) besitzt nicht ganz so lange Ohren und Hinterbeine wie der Feldhase und ist kleiner.

Der Hamster – ein Vertreter aus der Säugetierordnung der Nagetiere (Rodentia) – zeigt ähnlich wie der Feldhase größere Bestandsschwankungen. Es gibt ausgesprochene Hamsterjahre, in denen man die 20 bis 30 cm großen Nager häufiger zu Gesicht bekommt als in anderen Jahren. Hamster sind kaum tagsüber tätig, vielmehr meist in der Dämmerung und in der Nacht. Im Herbst gelingt es noch am ehesten, die Tiere zu sehen, denn dann müssen sie Vorräte für die Überwinterungszeit in den unterirdischen Bau eintragen. Die Tiere speichern alles in der Vorratskammer. Der Bau weist weiter einen Wohnkessel auf, mehrere Zugänge und eine Fallröhre für die rasche Flucht vor einem Verfolger.

Der Lebensraum des Hamsters sind die Steppengebiete und heute auch die Kulturlandschaft im Flach- und Hügelland. Bedingung ist aber Lehm- oder Lößboden. In der Bundesrepublik ist die Art nach der Roten Liste als »gefährdet« eingestuft.

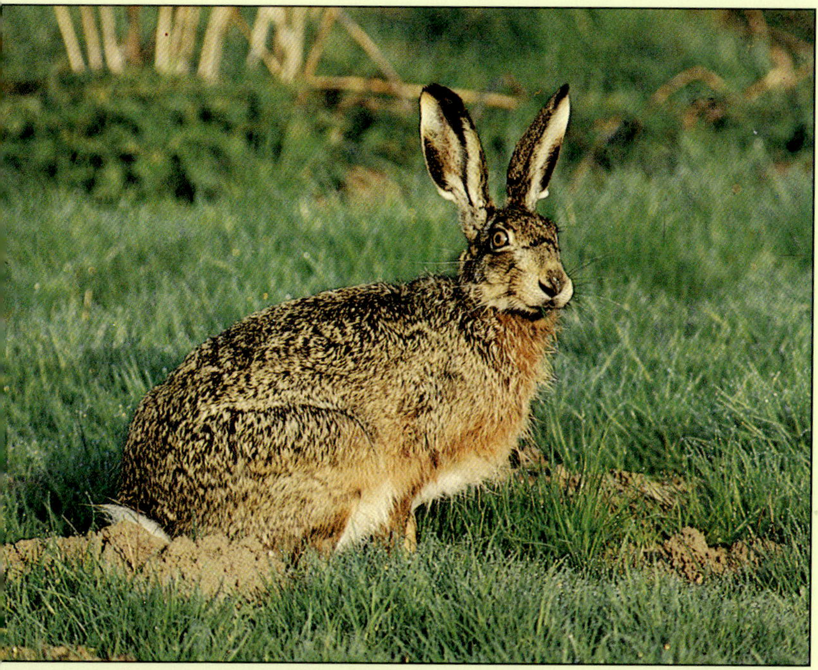

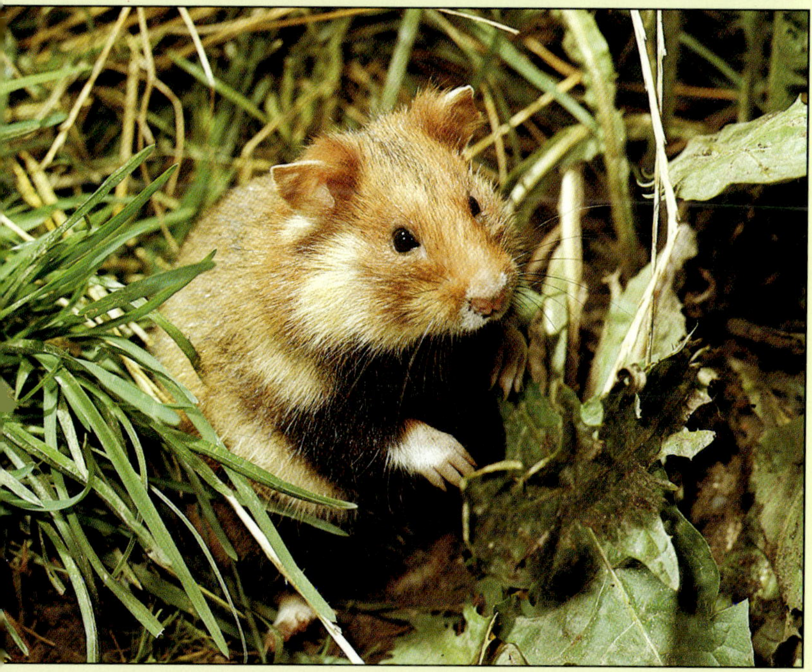

Feldmaus
Microtus arvalis

Feldmaus

Hausmaus

Mit Ausnahme großer Teile der Iberischen Halbinsel, Großbritanniens, Italiens und Skandinaviens ist die Feldmaus über Europa und bis Mittelasien verbreitet. Der Nager ist typisch für die offenen Landschaften bis in etwa 2000 m Höhe. Überall auf Feldern, Wiesen und Weiden kann man die dicht unter der Oberfläche angelegten Gänge sehen, die ein weitverzweigtes System bilden. Die Feldmaus wird 9 bis 13 cm lang, der Schwanz mißt weitere 4 cm. Bei der **Hausmaus** (*Mus musculus;* Grafik) ist der Schwanz so lang wie der Körper, und die Ohren überragen deutlich den Kopf.

Die Feldmaus verdient einige Aufmerksamkeit, denn sie gehört zu den Nagern, die immer wieder massenhaft auftreten. Drei- bis siebenmal im Jahr werden jeweils 4 bis 13 nackte, blinde Junge geboren, die im Alter von 21 Tagen selbständig werden. Die Weibchen werden bereits mit 11 Tagen, die Männchen mit 28 Tagen geschlechtsreif. Bei diesen Daten wird klar, daß sich die Feldmäuse bei ausreichender Nahrung und günstiger Witterung schnell vermehren können. Die ökologischen Konsequenzen sind einerseits, daß sie ihre Nahrung stark dezimieren, andererseits steht den Tieren, die sich von Mäusen ernähren, ein erhöhtes Nahrungsangebot zur Verfügung.

Zwergmaus
Micromys minutus

Nest

Zwergmäuse verdienen wirklich ihren Namen: Kleiner geht's kaum noch. Die Mäuschen werden ganze 5 bis 7 cm lang; allerdings kommt der Schwanz mit noch einmal derselben Länge hinzu. Die Zwergmaus fehlt in Süd- und Nordeuropa und in den Hochgebirgen, ist darüber hinaus aber bis weit nach Asien hinein verbreitet. Ihr Lebensraum sind vor allem Kornfelder (bevorzugt Hafer- und Weizenfelder), mit hoher Vegetation bewachsene Wiesenränder und trockene bis mittelfeuchte Schilfbestände. Mit Hilfe des Schwanzes klettern die Zwergmäuse geschickt an den Halmen und Zweigen herum (s. Foto). Dabei sind sie sowohl am Tag wie auch bei Nacht unterwegs. Im Sommer bauen die kleinen Mäuse kugelförmige Nester, die zwischen den Halmen aufgehängt werden (Grafik). Die Nester stehen meist 0,25 bis 1 m hoch über dem Boden. Im Winter bauen die Mäuse größere Nester, die dann auch am Boden liegen können. In der Zeit zwischen April und September werden 2 bis 3 Würfe aufgezogen. Jeder Wurf besteht aus 3 bis 7 nackten, blinden Jungen, die 2 Wochen lang gesäugt und wenig später selbständig werden.

Hermelin

Mustela erminea

Das Hermelin gehört zu den marderartigen Raubtieren. Fast alle diese Tiere sind dämmerungs- und nachtaktiv. Deshalb wird man sie nur selten zu Gesicht bekommen, obwohl gerade das Hermelin in Europa noch weit verbreitet ist.

Hermeline werden 20 bis 30 cm lang. Der Schwanz mißt weitere 8 bis 12 cm. Die Weibchen sind im Durchschnitt etwas kleiner als die Männchen. Die braune Oberseite ist durch eine scharfe, gerade Trennlinie gegen den weißen Bauch abgesetzt. Typisch ist außerdem die schwarze Schwanzspitze, die auch im Winter nicht fehlt, wenn die Hermeline ihr weißes Winterfell tragen. Die Paarungszeit liegt zwischen Februar und August. Die Jungen werden stets erst im darauffolgenden Jahr geboren, und zwar zwischen Mai und Juli. Je Wurf können 4 bis 7 Junge geboren werden, die 5 bis 7 Wochen lang gesäugt und mit 3 bis 4 Monaten selbständig werden.

Reh

Capreolus capreolus

Bast

Je nach bevorzugtem Lebensraum kann man bei uns Waldrehe und Feldrehe unterscheiden. Mitteleuropäische Tiere werden bis 1,35 m lang und 15 bis 20 kg schwer; in anderen Gebieten können Rehe auch schwerer werden. Typisch ist der weiße Spiegel um den kurzen Schwanz herum. Die Böcke tragen kurze Geweihe, die jedes Jahr abgeworfen und neu gebildet werden. Man unterscheidet Knopfböcke, Spießer, Gabler und Sechserböcke. Anhand des Geweihs ist das Alter eines Rehbocks aber nicht zu bestimmen. Während das neue Geweih heranwächst, ist es von einer gut durchbluteten Haut, dem Bast, bedeckt (Grafik).

Vom Herbst bis zum Frühjahr leben die Rehe in gemischten sogenannten Sprüngen zusammen, die sich zur Setzzeit hin auflösen. Im Mai setzt die Ricke – so nennt man das weibliche Reh – 1 bis 3 Junge. Die Kitze können sofort sehen und laufen, also schon bald nach der Geburt der Ricke folgen. Die Kitze werden 3 Monate lang von der Ricke gesäugt. Danach bleiben sie noch lange mit ihr zusammen und werden erst mit etwa 1 Jahr selbständig.

Besonders interessant ist das Verhalten der Rehe während der Paarungszeit, der Blattzeit, wie der Jäger sagt. Dann sind die Tiere auch tagsüber sehr aktiv. Der Bock sucht die weiblichen Tiere und treibt sie längere Zeit, bevor es zur Begattung kommt.

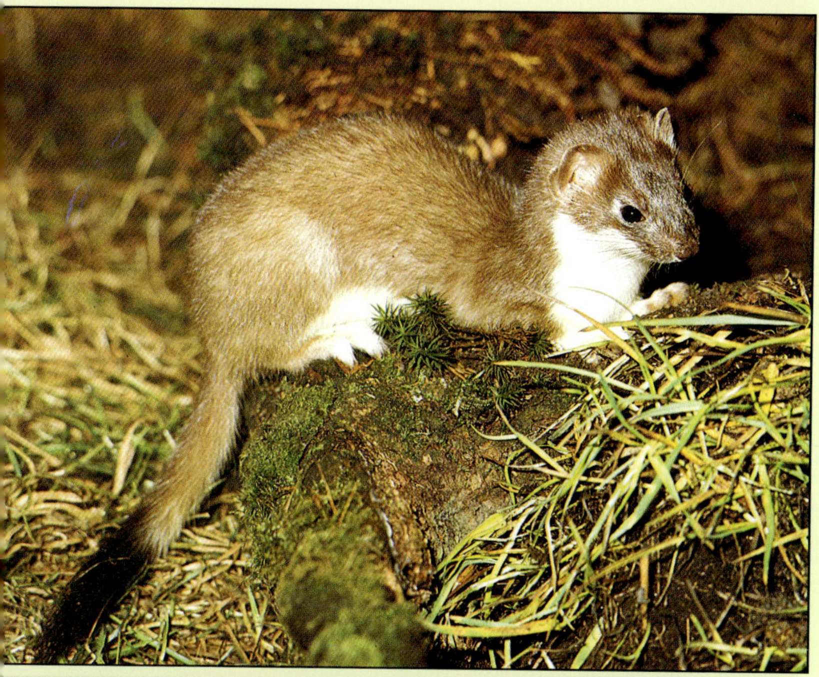

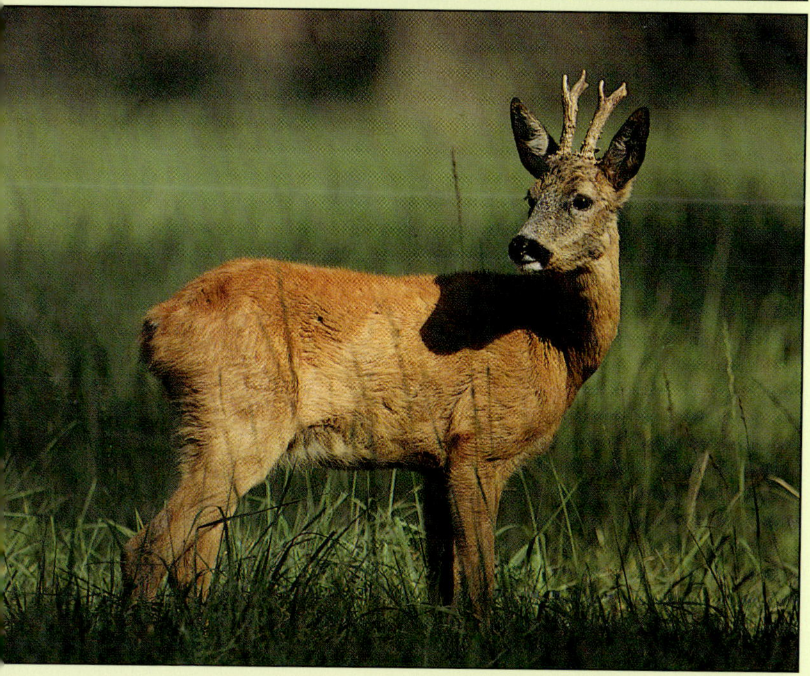

Register

Deutsche Namen

Wissenschaftliche Namen

Buchtips für Naturfreunde